Mira Kartiwi

Tragbares System zur Messung der Außenluftqualität mit Arduino

Yasmin Mahira Saiful Munir
Teddy Surya Gunawan
Mira Kartiwi

Tragbares System zur Messung der Außenluftqualität mit Arduino

ScienciaScripts

This book is a translation from the original published under ISBN 978-3-330-08717-0.

Publisher:
Sciencia Scripts
is a trademark of
Dodo Books Indian Ocean Ltd. and OmniScriptum S.R.L publishing group

120 High Road, East Finchley, London, N2 9ED, United Kingdom
Str. Armeneasca 28/1, office 1, Chisinau MD-2012, Republic of Moldova, Europe

ISBN: 978-620-7-27363-8

ABSTRACT

Das jüngste Auftreten von Dunst in Malaysia hat die Öffentlichkeit dazu veranlasst, sich der aktuellen Luftqualität in ihrer Umgebung stärker bewusst zu werden. Denn Luftverschmutzung kann schwerwiegende Auswirkungen auf die menschliche Gesundheit und die Umwelt haben. Der Luftschadstoffindex (Air Pollutant Index, API) in Malaysia wird vom Umweltministerium (Department of Environment, DOE) mit Hilfe von stationären und teuren Überwachungsstationen, den so genannten Continuous Air Quality Monitoring Stations (CAQMs), gemessen, die nur in Gebieten mit hoher Bevölkerungsdichte und starken industriellen Aktivitäten aufgestellt werden. Außerdem hat Malaysia Feinstaub mit einer Größe von weniger als 2,5 pm (PM2,5) nicht in das API-Messsystem aufgenommen. In diesem Buch stellen wir ein kostengünstiges und tragbares System zur Messung der Luftqualität vor, das mit einem Arduino Uno Mikrocontroller und vier preiswerten Sensoren ausgestattet ist. Mit diesem Gerät können Menschen API an jedem beliebigen Ort messen. Es ist in der Lage, die Konzentration von Kohlenmonoxid (CO), bodennahem Ozon (O3) und Feinstaub (PM10 & PM2.5) in der Luft zu messen und die Messwerte in API-Werte umzurechnen. Dieses System wurde getestet, indem der von diesem Gerät gemessene API-Wert mit dem derzeit von DOE an mehreren Standorten gemessenen API-Wert verglichen wurde. Die Ergebnisse des Experiments zeigen, dass dieses System zur Messung der Luftqualität zuverlässig und effizient ist.

INHALTSVERZEICHNIS

ABKÜRZUNGSVERZEICHNIS

API	Air Pollutant Index
CO	Carbon monoxide
O_3	Ozone
NO_2	Nitrogen dioxide
SO_2	Sulfur dioxide
$PM_{2.5}$	Particulate matter with the size of less than 2.5μm
PM_{10}	Particulate matter with the size of less than 10μm
CAQMs	Continuous Air Quality Monitoring station
DOE	Department of Environment
ppm	Parts per million

KAPITEL 1

EINFÜHRUNG

1.1 ÜBERBLICK

Heutzutage ist es für die Menschen sehr wichtig, sich der aktuellen Luftqualität in ihrer Umgebung bewusst zu sein. Sie sollten wissen, ob sie saubere Luft oder verschmutzte Luft atmen. Denn laut Professor Michael Bauer von der University of British Columbia (UBC) steht die Luftverschmutzung weltweit an vierter Stelle der Risikofaktoren für den Tod. Im Jahr 2013 gaben Forscher der UBC an, dass etwa 3 Millionen Menschen in Asien an Krankheiten im Zusammenhang mit Luftverschmutzung starben (Bhattacharya, 2016). Luftverschmutzung kann schwere gesundheitliche Folgen wie Atemwegsinfektionen und Herz-Kreislauf-Erkrankungen verursachen. Darüber hinaus hat die Luftverschmutzung auch negative Auswirkungen auf die Umwelt, die schließlich zur globalen Erwärmung und zum Klimawandel führen.

Die Luftqualität in Malaysia wird durch kontinuierliche Luftqualitätsüberwachungsstationen (CAQMs) gemessen, die vom Umweltministerium (DOE) Malaysia an bestimmten Orten aufgestellt wurden. Sie wird durch die Messung der Konzentration von Luftschadstoffen und die Berechnung des Schadstoffindexes ermittelt. Malaysia verwendet den Luftschadstoffindex (API), um die Luftqualität zu bestimmen. Verschiedene Länder haben unterschiedliche Qualitätsindizes, z. B. die USA und China den Air Quality Index (AQI), Kanada und Hongkong den Air Quality Health Index (AQHI), Singapur den Pollutant Standards Index (PSI) und Europa den Common Air Quality Index (CAQI).

1.2 BEDEUTUNG DER FORSCHUNG

Die Bedeutung dieser Forschung besteht darin, die Außenluftqualität in Echtzeit durch Messung des API-Wertes zu bestimmen. Die derzeitigen Luftqualitätsüberwachungsstationen befinden sich hauptsächlich in Gebieten mit hoher Bevölkerungszahl und starken industriellen

4

Aktivitäten in Malaysia. Der Grund dafür ist, dass die Kosten für den Bau einer Überwachungsstation sehr hoch sind. Darüber hinaus erforscht das DOE derzeit andere Alternativen, um die Abdeckung der bestehenden Überwachungsstationen zu erweitern. Daher kann diese Studie einen Beitrag zur Entwicklung der bestehenden Luftqualitätsüberwachungsstationen in Malaysia leisten.

1.3 PROBLEMSTELLUNG

Diese Studie konzentriert sich auf den Entwurf und die Implementierung eines Geräts, das die Qualität der Außenluft durch Bestimmung des API-Werts messen kann. Die Außenluftqualität in Malaysia wird vom DOE in Überwachungsstationen im ganzen Land gemessen. Es gibt jedoch nur 52 Messstationen, die in ganz Malaysia errichtet wurden. Die Messstationen befinden sich an Orten mit hoher Bevölkerungsdichte und starken industriellen Aktivitäten. Daher können sich bestimmte Gebiete, in denen es keine Überwachungsstationen gibt, nur auf den API-Wert des nahe gelegenen Ortes verlassen, der weniger genau sein kann.

Außerdem beziehen die derzeitigen Überwachungsstationen in Malaysia die $PM_{2,5}$-Werte nicht in die API-Messungen ein. Die meisten Länder wie Singapur, Indonesien, Südkorea und andere haben $PM_{2,5}$ bereits in ihr API-Messsystem aufgenommen, da es schädlicher ist als PM_{10}.

Daher wird ein kostengünstiges und mobiles Gerät benötigt, um die Luftqualität in den Gebieten zu messen, in denen es keine Messstation gibt, und um das derzeitige System zur Messung der Luftqualität in Malaysia zu verbessern. Damit wird sichergestellt, dass jeder in Malaysia mit der aktuellen Luftqualität in seiner Umgebung vertraut ist und diese kennt.

1.4 ZIELE

Mit dieser Studie sollen die folgenden Ziele erreicht werden:

1. Entwicklung eines kostengünstigen und tragbaren Systems zur Messung der Außenluftqualität.

2. Messung der Luftqualität anhand von Gasparametern und deren Umrechnung in Sub-API-

Werte.

3. Einstufung des Luftqualitätsstatus nach dem API-Wert.

1.5 METHODIK

Die Forschungsmethoden für diese Studie sind:

*   Literaturübersicht.

*   Untersuchung von Luftqualitätssensoren, die im System verwendet werden können.

*   Vorschlag für ein System zur Messung der Luftqualität.

*   Bewerten Sie die Leistung des Systems.

1.6 SCOPE

T Diese Studie konzentriert sich auf die Art und Weise, wie der Zustand der Luftqualität durch die Messung der Konzentration von Luftschadstoffen und die Berechnung des API-Wertes eines Ortes mit Hilfe eines kostengünstigen und tragbaren Geräts bestimmt werden kann.

1.7 BUCHGESTALTUNG

Der Rest des Buches ist wie folgt gegliedert. Kapitel zwei befasst sich mit der Literaturübersicht. In Kapitel drei wird die oben beschriebene Methodik näher erläutert. Kapitel vier enthält die Ergebnisse und Analysen und Kapitel fünf schließt dieses Buch ab.

KAPITEL 2

LITERATURÜBERBLICK

2.1 ÜBERBLICK

Die Luftqualität kann als der aktuelle Zustand der Luft um uns herum definiert werden. Der Zustand der Luftqualität in Malaysia wird anhand des malaysischen API bestimmt. Die Luftqualitätsdaten oder die Luftschadstoffkonzentrationen werden von den CAQMs bezogen.

Vor der Verwendung des API als Indikator verwendete Malaysia den Malaysian Air Quality Index (MAQI) zur Klassifizierung des Luftqualitätsstatus, der später in API umgewandelt wurde, um einen Vergleich mit den ASEAN-Ländern zu ermöglichen (Mahanijah, Rozita, & Ruhizan, 2006). Der API in Malaysia wurde entwickelt, um dem Pollutant Standard Index PSI-System zu folgen, das von der United States Environmental Protection Agency (USEPA) geregelt wurde.

Der API wird auf der Grundlage der malaysischen Luftqualitätsrichtlinien (MAAG) berechnet, die den von der Weltgesundheitsorganisation (WHO) und anderen Ländern empfohlenen Luftqualitätsstandards entsprechen. Vor kurzem hat Malaysia neue Luftqualitätsstandards eingeführt, die die MAAGs ersetzen. Mit der neuen Norm wurde ein neuer Schadstoff, nämlich Feinstaub mit einer Größe von weniger als 2,5 pm ($PM_{2,5}$), zu den bestehenden Schadstoffen Kohlenmonoxid (CO), Ozon (O_3), Stickstoffdioxid (NO_2), Schwefeldioxid (SO_2) und Feinstaub mit einer Größe von weniger als 10 pm (PM_{10}) hinzugefügt.

2.2 LUFTSCHADSTOFFINDEX (API)

API wurde eingeführt, um der Öffentlichkeit leicht verständliche Informationen über den Grad der Luftverschmutzung zu geben. Der API in Malaysia wird auf der Grundlage der neuen Luftqualitätsnormen in Malaysia berechnet. Tabelle 2.1 zeigt die API-Werte und ihre Angabe.

Die Luftqualitätsnormen werden zur Bestimmung der einzelnen Schadstoffe und ihrer

7

Konzentrationen verwendet, bei denen sie für die menschliche Gesundheit und die Umwelt gefährlich werden (Afroz, Hassan, & Akma, 2003). Die Norm konzentriert sich auf die öffentliche Gesundheit, insbesondere auf die Gesundheit gefährdeter Personengruppen wie Kinder, Asthmatiker und ältere Menschen, sowie auf das öffentliche Wohlergehen, zu dem auch Schäden an Tieren, Ernten, Wasserressourcen und Gebäuden gehören.

Mit den neuen Luftqualitätsnormen wurden drei Zwischenziele festgelegt: Zwischenziel 1 (IT-1) im Jahr 2015, Zwischenziel 2 (IT-2) im Jahr 2018 und die vollständige Umsetzung der Norm im Jahr 2020. Die Luftqualität der einzelnen Schadstoffe und Zwischenziele sind in Tabelle 2.2 aufgeführt.

Tabelle 2.1 API-Werte mit Angaben und Beschreibung (APIMS, n.d.)

API	COLOR INDICATION
Below 50	GOOD Low pollution. No bad effect on health.
51- 100	MODERATE Moderate pollution. It does not cause any bad effect on health.
101- 200	UNHEALTHY Worsen the health condition of high risk people (people with heart and lung problems).
201- 300	VERY UNHEALTHY Worsen the health condition and low tolerance of physical exercise to high risk people. Affect public health.
More than 300	HAZARDOUS Hazardous to high risk people and public health.

Tabelle 2.2 New Malaysia Ambient Air Quality Standard (DOE, n.d.)

Pollutants	Averaging Time	Ambient Air Quality		
		IT-1 (2015)	IT-2(2018)	Standard (2020)
		$\mu g/m^3$	$\mu g/m^3$	$\mu g/m^3$
Carbon monoxide (CO)	1 hour	35 (mg/ m^3)	35 (mg/ m^3)	30 (mg/ m^3)
	8 hours	10 (mg/$m^{3)}$	10 (mg/$m^{3)}$	10 (mg/m^3)
Ozone (O_3)	1 hour	200	200	180
	8 hours	120	120	100
Nitrogen dioxide (NO_2)	1 hour	320	300	280
	8 hours	75	75	70
Sulfur dioxide (SO_2)	1 hour	350	200	250
	24 hours	105	90	80
PM_{10}	24 hours	150	120	100
	1 year	50	45	40
$PM_{2.5}$	24 hours	75	50	35
	1 year	35	25	15

Obwohl PM2,5 in den neuen Luftqualitätsnormen enthalten ist, verfügten die bestehenden CAQMs noch nicht über die Ausrüstung zur Messung des Schadstoffs. Nach Angaben des Ministers für natürliche Ressourcen und Umwelt, Datuk Seri Dr. Wan Junaidi, werden die Messstationen für PM2,5 im Jahr 2017 fertiggestellt und in Betrieb genommen (Azizi, 2015).

Nach DOE (2000) wird der API auf der Grundlage der Subindexwerte (Sub-API) für alle in Tabelle 2.2 genannten Schadstoffe berechnet. Der Sub-API wird auf der Grundlage der Schadstoffkonzentrationen berechnet, die aus den CAQMs für den jeweiligen Zeitraum ermittelt wurden.

Die Sub-API-Berechnung für jeden Schadstoff kann wie folgt formuliert werden:

$$\text{SubAPI}_{CO} = \begin{cases} C_{co} \times 11.11111, & C_{co} < 9 \text{ ppm} \\ 100+(C_{co}-9) \times 16.66667, & 9 \text{ ppm} < C_{co} < 15 \text{ ppm} \\ 200+(C_{co}-15) \times 6.6667, & 15 \text{ ppm} < C_{co} < 30 \text{ ppm} \\ 300+(C_{co}-30) \times 10, & C_{co} > 30 \text{ ppm} \end{cases} \quad (2.1)$$

Where C_{co} is the concentration of CO.

$$\text{SubAPI}_{O3} = \begin{cases} C_{O_3} \times 1000, & C_{O_3} < 0.2 \text{ ppm} \\ 200+(C_{O_3} -0.2) \times 500, & 0.2 \text{ ppm} < C_{O_3} < 0.4 \text{ ppm} \\ 300+(C_{O_3} -0.4) \times 1000, & C_{O_3} > 0.4 \text{ ppm} \end{cases} \quad (2.2)$$

Where C_{O_3} is the concentration of O3.

$$\text{SubAPI}_{NO2} = \begin{cases} C_{NO_2} \times 588.24, & C_{NO_2} < 0.17 \text{ ppm} \\ 100+(C_{NO_2}-0.17) \times 232.56, & 0.17 \text{ ppm} < <0.6 \text{ ppm} \\ 200+(C_{NO_2}-0.6) \times 166.67, & 0.6 \text{ ppm} < C_{NO_2} < 1.2 \text{ ppm} \\ 300+(C_{NO_2}-1.2) \times 250, & C_{NO_2} > 1.2 \text{ ppm} \end{cases} \quad (2.3)$$

Where C_{NO_2} is the concentration of NO2.

$$\text{SubAPI}_{SO2} = \begin{cases} C_{SO_2} \times 2500, & C_{SO_2} < 0.04 \text{ ppm} \\ 100+(C_{SO_2}-0.04) \times 384.61, & 0.04 \text{ ppm} < C_{SO_2} < 0.3 \text{ ppm} \\ 200+(C_{SO_2}-0.04) \times 333.33, & 0.3 \text{ ppm} < C_{SO_2} < 0.6 \text{ ppm} \\ 300+(C_{SO_2}-0.6) \times 500, & C_{SO_2} > 0.6 \text{ ppm} \end{cases} \quad (2.4)$$

Where C_{SO_2} is the concentration of SO2.

$$\text{SubAPI}_{PM} = \begin{cases} C_{PM}, & C_{PM} < 50 \ \mu g/m^3 \\ 50+(C_{PM}-50) \times 0.5), & 50 \mu g/m^3 < C_{PM} < 150 \mu g/m^3 \\ 100+(C_{PM}-150) \times 0.5), & 150 \mu g/m^3 < C_{PM} < 350 \mu g/m^3 \\ 200+(C_{PM}-350) \times 1.43), & 350 \mu g/m^3 < C_{PM} < 420 \mu g/m^3 \\ 300+(C_{PM}-420) \times 1.25), & 420 \mu g/m^3 < C_{PM} < 500 \mu g/m^3 \\ 400+(C_{PM}-500), & C_{PM} > 500 \mu g/m^3 \end{cases} \quad (2.5)$$

Where C_{PM} is the concentration of PM.

Therefore to determine the API value, the formula below is used.

$$API = Max \ (SubAPI_{CO}, SubAPI_{O3}, SubAPI_{NO2}, SubAPI_{SO2}, SubAPI_{PM}) \qquad (2.6)$$

2.3 STATION ZUR KONTINUIERLICHEN ÜBERWACHUNG DER LUFTQUALITÄT (CAQMS)

CAQMs ist ein integriertes System zur Überwachung der Umgebungsluft auf Schadstoffe (Mahanijah et al., 2006). Es ist stationär und wird als kostspielig eingeschätzt. In Malaysia gibt es insgesamt 52 CAQMs. CAQMs befinden sich in der Regel in Gebieten mit hoher Bevölkerungsdichte und starken industriellen Aktivitäten. Jedes CAQM misst die Konzentration von CO, O_3, SO_2, NO2 und PM_{10}. Abbildung 2.1 zeigt die Lage der 52 Messstationen in jedem Bundesstaat Malaysias. Abbildung 2.2 zeigt die CAQMs in Batu Muda, während Tabelle 2.3 den Standort der Messstationen angibt.

Abbildung 2.1 Alle 52 CAQMs in Malaysia (Mahanijah et al., 2006)

Abbildung 2.2 CAQMs in Batu Muda

Tabelle 2.3 Standorte von CAQMs in Malaysia (Mahanijah et al., 2006)

State	Areas
Johor	Kota Tinggi, Larkin Lama, Muar, Pasir Gudang
Melaka	Bandaraya Melaka, Bukit Rambai
Negeri Sembilan	Nilai, Port Dickson, Seremban
Selangor	Banting, Kuala Selangor, Pelabuhan Klang, Petaling Jaya, Shah Alam
Wilayah Persekutuan Kuala Lumpur	Batu Muda, Cheras
Wilayah Persekutuan Putrajaya	Putrajaya
Perak	Ipoh (Jalan Tase, SK Jalan Pegoh), Taiping (Kg. Air Putih), Seri Manjung, Tanjung Malim
Pahang	Kuantan (Balok Baru, Indera Mahkota), Jerantut
Terengganu	Kemaman, Kuala Terengganu, Paka
Kelantan	Kota Bharu (SMK Tanjung Chat), Tanah Merah
Pulau Pinang	Perai, Seberang Jaya 2, Universiti Sains Malaysia (USM)
Kedah	Alor Setar, Bakar Arang (Sungai Petani), Langkawi
Perlis	Kangar
Sabah	Keningau, Kota Kinabalu, Sandakan, Tawau
Sarawak	Bintulu, ILP Miri, Kapit, Kuching, Limbang, Miri, Samarahan, Sarikei, Sibu, Sri Aman
Wilayah Persekutuan Labuan	Labuan

2.3 POLLUTANTE

Laut Daly und Zannetti (2007) haben die USEPA und die meisten Länder der Welt 6 Kriterien für Schadstoffe festgelegt, nämlich

1. Kohlenmonoxid (CO)

CO ist ein Produkt der unvollständigen Verbrennung von Kraftstoffen. Daher sind die Emissionen von Kraftfahrzeugen die Hauptquelle für diesen Schadstoff.

2. Stickstoffoxide (NO und NO2)

Stickstoffoxide stammen in der Regel aus stationären Verbrennungsquellen und sind auch für die Bildung von troposphärischem Ozon verantwortlich.

3. Ozon (O3)

Troposphärisches O3, auch bekannt als O3 in der unteren Atmosphärenschicht (Bodennähe), wird gebildet, wenn andere Schadstoffe wie NO2, CO und flüchtige organische Verbindungen (VOC) in Gegenwart von Sonnenlicht miteinander reagieren.

4. Schwefeldioxid (SO2)

Die Hauptquelle für SO2 ist die Verbrennung von schwefelhaltigen Brennstoffen wie Öl und Kohle.

5. Feinstaub (PM)

PM sind mikroskopisch kleine feste oder flüssige Tröpfchen, die in der Luft schweben. Es gibt zwei Kategorien von Feinstaub: PM2,5 (Durchmesser von weniger als 2,5 pm) und PM10 (Durchmesser von weniger als 10 pm). Feinstaub stammt aus verschiedenen Quellen wie Verbrennung, landwirtschaftlichen Aktivitäten, Kraftfahrzeugen usw. Einige Beispiele für PM sind Rauch, Aerosole, Pollen und Staub.

6. Blei (Pb)

Die Hauptquelle für Blei ist die Verbrennung von Benzin. Heutzutage ist Pb jedoch aus dem Benzin entfernt worden. Daher haben die meisten Länder Pb nicht als Luftschadstoff aufgenommen.

2.4 AUSWIRKUNGEN DER LUFTVERSCHMUTZUNG

2.5.1 Auswirkungen auf die Gesundheit

Die Exposition gegenüber Luftverschmutzung kann zu zahlreichen Auswirkungen auf die menschliche Gesundheit führen. Die Exposition kann durch Einatmen, direkte Absorption über die Haut oder Verunreinigung von Lebensmitteln und Wasser erfolgen (Ashikin, Ling, & Dasimah, 2015). Kampa und Castanas (2008) stellten fest, dass die Auswirkungen einer Exposition gegenüber Schadstoffen in hohen Konzentrationen fast die gleichen sind wie eine langfristige Exposition gegenüber Schadstoffen in niedriger Konzentration. Atemwegs- und Herz-Kreislauf-Erkrankungen sind weltweit am häufigsten auf Luftverschmutzung zurückzuführen (Ling et al., 2012; Kinney & O'Neill, 2006).

Es gibt Studien, die zeigen, dass Schadstoffe wie O_3, SO_2, NO2 und PM zu verschiedenen Arten von Atemwegserkrankungen wie Asthma, Bronchitis und Emphysem beitragen (Ling et al., 2012; Botkin & Keller 2003). Darüber hinaus beeinträchtigt die Luftverschmutzung die Atemwege. Probleme wie Nasen- und Rachenreizungen, Lungenentzündungen, akute Atemwegsinfektionen, Beeinträchtigung der Lungenfunktion und sogar Lungenkrebs können aufgrund der Schadstoffbelastung auftreten.

Einer Studie zufolge können CO, O3 und $PM2.5$ zur Verschlimmerung von Herzkrankheiten beitragen (Ling et al., 2012; Utell et al. 2006). Schadstoffe wie CO können sich an Hämoglobin binden, wodurch dessen Fähigkeit, Sauerstoff zu übertragen, verringert wird (Kampa et al., 2008; Badman & Jaffe, 1996). Die Unterversorgung des Herzens mit Sauerstoff kann zum Absterben von Herzgewebe und zu dauerhaften Herzschäden führen (Physicians for Special Responsibility, 2009). Darüber hinaus führt das Einatmen verschmutzter Luft zu einer mangelhaften Blutversorgung aufgrund blockierter Arterien und verursacht ischämische Herzerkrankungen.

2.5.2 Auswirkungen auf die Umwelt

Eine Verschlechterung der Luftqualität kann auch eine Vielzahl von Auswirkungen auf die Umwelt haben. Zum Beispiel reagiert die übermäßige Emission von NO2 und SO2 in der Atmosphäre mit Wasser, Sauerstoff und anderen Verbindungen zu Salpetersäure und Schwefelsäure, die zu saurem Regen führen. Saurer Regen kann das Pflanzengewebe schädigen, den Boden versauern lassen, was zu einem geringeren Wachstum von Pflanzen und Bäumen führt, sowie Gebäude und deren Material beschädigen (Singh & Agrawal, 2008).

Dunst oder Smog ist ebenfalls eine Folge der Luftverschmutzung. Dunst und Smog entstehen, wenn zu viele Staubpartikel oder Rauch in die Luft gelangen. Es gibt viele Ursachen für Dunst. Beim jüngsten Auftreten von Dunst in Südostasien im Jahr 2015 zum Beispiel ist der Dunst auf Rauch zurückzuführen, der durch das Abbrennen von Wäldern entsteht, was auch als Brandrodung bezeichnet wird (Liu, 2015). Das Feuer geriet außer Kontrolle und breitete sich auf andere Gebiete aus.

In China herrscht derzeit die schlimmste Luftverschmutzung der Welt aufgrund von Smog. Das liegt vor allem an der Kohleverbrennung, die für Heizzwecke und in Kraftwerken eingesetzt wird. (Zhang, Liu, & Li, 2014). Bei der Verbrennung von Kohle werden Schadstoffe wie so2, Stickoxide und Feinstaub freigesetzt (Kan, Chen, & Tong, 2012).

2.6 GRUNDLEGENDE TERMINOLOGIE

2.6.1 Mikrocontroller

Der Arduino Uno wurde als Mikrocontroller für dieses Buch ausgewählt, weil er sich für Hardwareprojekte eignet. Er hat die beste Schnittstelle zu analogen Sensoren und anderen elektrischen Komponenten. Er erfordert nur eine einfache Programmierung, um Daten von den Komponenten zu lesen, zu berechnen oder auszugeben. Tabelle 2.4 zeigt einige Vergleiche zwischen Arduino und anderen kommerziellen Mikrocontrollermodellen.

Tabelle 2.4 Vergleich von Arduino Uno, Raspberry Pi II und BeagleBone.

Comparison	Arduino Uno	Raspberry Pi II	BeagleBone
Price	RM 55	RM 160	RM 200
Processor	ATmega328p	BCM 2836 (ARM)	TI AM3358 (ARM)
Clock Speed	16MHz	700MHz	700MHz
Digital GPIO	14	8	66
Analog Input	6	-	7
Development Environments	Arduino IDE (C/C++ language)	Linux, Scratch, IDLE	Python, Scratch, Squeak

Aus Tabelle 2.4 geht hervor, dass der Arduino Uno im Vergleich zu den anderen Modellen die niedrigsten Kosten aufweist. Der Arduino Uno hat auch die niedrigste Taktrate, weil er im Gegensatz zum Raspberry Pi II und BeagleBone kein vollständiges Betriebssystem (OS) hat. Sie sind Einplatinencomputer, auf denen Linux OS läuft. Aus diesem Grund ist ihre Taktrate viel höher als die des Arduino Uno. Außerdem bietet der Arduino Uno 14 digitale und 6 analoge Eingänge, was für alle Komponenten in diesem Buch ausreichend ist. Darüber hinaus können die Komponenten auf dem Arduino-Mikrocontroller leicht mit der Sprache C/C++ in der Arduino-IDE programmiert werden. Wenn man diese drei Mikrocontroller vergleicht, ist der Arduino Uno der beste Mikrocontroller, der in diesem Buch verwendet wird.

2.6.2 Sensoren

2.6.2.1 Ozon (o3)

Zur Messung der O3-Konzentration in der Luft wird der Gassensor MQ-131 verwendet. Dieser Sensor hat eine Empfindlichkeit von 10ppb bis 2ppm, was für dieses Buch geeignet ist, da der Messbereich der O3-Konzentration zwischen 0,005ppm und 0,6ppm liegt. Außerdem ist dieser Sensor kostengünstig, hat eine hohe Empfindlichkeit und eine lange Lebensdauer.

2.6.1.1 Feinstaub (pm10 und PM2.5)

Zur Messung der PMs werden zwei Arten von optischen Staubsensoren für jede PM ausgewählt. Für PM10 wird der kompakte optische Staubsensor GP2Y1010AU0F verwendet. Dieses Gerät kann Staub in der Luft erkennen. Für PM2,5 wird der optische Staubsensor Shinyei PPD42NS verwendet. Dieser Sensor kann PM mit einem Durchmesser von mehr als einem Mikrometer erkennen.

2.6.1.2 *Kohlenmonoxid (CO)*

Obwohl CO in Malaysia nicht der vorherrschende Schadstoff ist, wird es als eine der Hauptquellen der Luftverschmutzung angesehen, da der Hauptbeitrag dieses Gases die Emissionen von Fahrzeugen sind. Aus diesem Grund wird in diesem Buch ein CO-Sensor vorgestellt. Es gibt zwei Arten von Sensoren, die zur Messung der CO-Konzentration in der Luft verwendet werden können: den MQ-7- und den MQ-9-Gassensor. Der MQ-7-Sensor kann CO im Bereich von 20 bis 2000 ppm messen, während der MQ-9-Sensor CO im Bereich von 10 bis 1000 ppm messen kann. Es wurde ein Experiment durchgeführt, um herauszufinden, welcher dieser beiden Sensoren empfindlicher auf CO reagiert.

2.7 VERBUNDENE WERKE

Hasenfratz, Saukh, Sturzenegger und Thiele (2012) haben ein mobiles Messsystem namens "GasMobile" zur partizipativen Überwachung der Luftqualität eingeführt. Das Konzept dieses Systems besteht darin, die Beteiligung der Bürgerinnen und Bürger zu nutzen, um die Luftqualität in ihrer Umgebung mit ihren Smartphones zu messen, da die Konzentration der Luftverschmutzung je nach Standort unterschiedlich ist. Das Überwachungssystem besteht aus einem Sensor und einer Software, die mit dem Android-Betriebssystem kompatibel ist. Die Messungen werden vom Benutzer selbst auf den Server hochgeladen. Das System wird mit einem kostengünstigen Ozonsensor getestet, der über den USB-Host-Modus mit dem Telefon verbunden ist und von einer Batterie gespeist wird. Er ist auf Automatikbetrieb eingestellt, so dass er alle zwei Sekunden automatisch die Luftqualität misst. GasMobile bietet eine hohe Datengenauigkeit, da die Sensorkalibrierung immer auf dem neuesten Stand ist, indem die Messwerte des Sensors in der Nähe der Referenzmessstation verwendet werden. Allerdings verwendet dieses System nur eine Art von Gassensor zur Messung der Luftqualität.

Ibrahim, Elgamri, Babiker und Mohamed (2015) haben ein Umweltüberwachungsgerät vorgeschlagen und implementiert, das die Luftqualität, das Wetter und Erdbeben mit einem Raspberry Pi (RPi) misst. Dieses Überwachungsgerät ist so konzipiert, dass es über die Internet of Things (IoT)-Plattform ferngesteuert werden kann. Die Messwerte der Sensoren können über die IoT-Plattform-Software "Xively" abgerufen werden, auf die jeder über die Website zugreifen kann. Das Gerät wurde getestet und hat bewiesen, dass es korrekt und genau funktioniert. Der einzige Nachteil dieses Überwachungsgeräts ist, dass der Stromverbrauch des RPi sehr begrenzt ist. Die Komponenten müssen richtig ausgewählt werden, um Schäden am Gerät zu vermeiden.

Devarakonda et al. (2013) schlugen zwei kostengünstige Ansätze zur Messung der Luftqualität in Echtzeit vor. Einer soll in öffentlichen Verkehrsmitteln wie Bus und Bahn eingesetzt werden, der andere ist ein persönliches Messgerät für Autos. Für öffentliche Verkehrsmittel wird eine speziell angefertigte mobile Messbox verwendet, die aus einem Arduino-Mikrocontroller, einem CO- und PM-Sensor, einem GPS-Empfänger und einem Modem besteht, während für Autos ein persönliches Messgerät (PSD) NODE verwendet wird, das aus einem CO-Sensor besteht. Die mit beiden Methoden gewonnenen Daten werden mit Geotags versehen und auf den Server hochgeladen. Ein Webportal wird zur Verfügung gestellt, um die Luftverschmutzung in Echtzeit anzuzeigen. Beide Geräte werden unter den gleichen Bedingungen getestet und die Messwerte der Luftverschmutzung sind bei beiden Geräten ähnlich. Die Daten zur Messung der Luftqualität sind jedoch auf Gebiete beschränkt, die nur von diesen Verkehrsmitteln abgedeckt werden.

Hussein (2012) entwarf ein computergestütztes System zur Messung und Überwachung der Umweltverschmutzung. Das System konzentriert sich auf die Messung der CO-Konzentration in der Atmosphäre und in den Abgasen von Verbrennungsmotoren mit Hilfe eines Sauerstoffsensors (O_2). Der Sensor liefert einen Spannungsausgang, der der Sauerstoffmenge im Abgas und in der Atmosphäre entspricht. Das System wurde in Innenräumen und im Freien getestet und zeigte genaue Ergebnisse, je höher der CO-Gasanteil, desto höher das Spannungssignal. Um dieses System zu implementieren, benötigt der Motor jedoch eine gewisse Zeit, um in einen stabilen Zustand zu kommen und eine korrekte Messung zu erhalten.

Keyang, Runjing und Hongwei (2011) nutzten die Verwendung eines diskreten Hopfield-Netzwerks, um ein Modell zur Klassifizierung der Luftqualitätsstufe zu erstellen. Die Methode verwendet das zuvor erhaltene Speichernetzwerk, um es zu verknüpfen und anzuwenden, um die Luftqualitätsstufe der getesteten Proben zu bestimmen. Der gemessene Luftverschmutzungsindex wurde zufällig ausgewählt, um diese Methode zu testen. Das Ergebnis des Experiments wurde mit bekannten Fakten verglichen und ist akzeptabel. Diese Methode ist sehr einfach und effektiv für die Klassifizierung der Luftqualität. Es handelt sich jedoch um einen Vorhersagewert und nicht um einen Echtzeitwert.

Ali, Soe und Weller (2015) haben ein solarbetriebenes, kostengünstiges drahtloses Echtzeit-Luftqualitätsüberwachungssystem für Schulen vorgestellt. Die Luftqualitätsdaten werden von mehreren Sensorknoten gewonnen, die Arduino als Mikrocontroller implementieren. Die Daten werden drahtlos über ein ZigBee-Maschennetz an den Computer der Schule übertragen. Die Sensorknoten bestehen aus CO-Sensor, NO2-Sensor, PM-Sensor, Feuchtigkeitssensor und Temperatursensoren. Das Luftqualitätsüberwachungssystem ist an verschiedenen Stellen in der Schule angebracht. Die von jedem Überwachungssystem erfassten Daten werden über einen Router an das Gateway gesendet und in eine Datenbank integriert. Die durchgeführten Experimente haben gezeigt, dass die Leistung dieser Sensorknoten günstig ist. Die Luftqualität kann in Echtzeit angezeigt werden, allerdings können nur Computer, die mit demselben Netzwerk verbunden sind, auf die Messungen zugreifen.

Zhang, Jiang, Meng, Cheng und Sun (2012) verwendeten eine verbesserte Methode des gleitenden Durchschnitts zur Vorhersage der Luftqualität. Das Prognosemodell verwendete den Durchschnitt des gleitenden Durchschnittswerts einer längeren und kürzeren Periode. Der gleitende Durchschnittswert wird üblicherweise zur Vorhersage künftiger Werte anhand des aktuellen Datensatzes verwendet. Diese Methode wurde anhand des jährlichen Tagesdurchschnitts der Luftschadstoffe von 2002-2011 erprobt. Das Ergebnis zeigt, dass die gleitende Durchschnittsvorhersage für einen Tag die höchste Genauigkeit aufweist, was bedeutet, dass die Luftqualität von morgen anhand des heutigen Werts vorhergesagt werden kann. Die Genauigkeit dieser Vorhersage hängt jedoch von den Wetterbedingungen ab.

Li et al. (2014) entwickelten einen tragbaren Sensor mit geringem Stromverbrauch, der die PM2,5-Konzentration messen kann. Der Sensor basiert auf Lichtstreuung. Die Partikel werden durch das Streulichtsignal erkannt, das von der Fotodiode erfasst wird. Der Prototyp dieses Sensors wurde mit Zigarettenrauch getestet und der Sensor hat großes Potenzial für ein genaues Gerät gezeigt. Dieses Gerät ist jedoch speziell für die Messung der PM2,5-Konzentration konzipiert.

Liu et al. (2015) entwickelten einen Sensor für öffentliche Fahrräder zur Überwachung der Luftqualität in der Stadt. Das Gerät besteht aus einem Einzelchip-Prozessor, einem GPS-Empfänger, einer Bluetooth-Schnittstelle, einem Abgassensor und einem PM-Sensor. Wenn ein Benutzer ein öffentliches Fahrrad mietet, beginnt das Sensorgerät mit der Erfassung der Luftverschmutzungsdaten und speichert diese Daten auf einer SD-Karte. Sobald der Benutzer das Fahrrad ausgeliehen hat, werden die Daten vom Gerät am Fahrrad über eine Bluetooth-Schnittstelle in das Datenzentrum hochgeladen. Das Gerät wurde in zwei Umgebungen getestet: draußen und drinnen. Die Ergebnisse zeigen, dass diese Methode sehr effektiv ist, um die Luftqualität zu überwachen. Allerdings ist der Messbereich nicht sehr groß, da er nur vom Fahrradnutzer abhängt.

Liu et al. (2012) schlugen ein automatisches System zur Überwachung der Luftqualität vor, das auf der Technologie eines drahtlosen Sensornetzwerks (WSN) basiert und mit dem Global System for Mobile Communication (GSM) integriert ist. Das System umfasst ein Signalverarbeitungsmodul und einen Sensorknoten, der aus einem CO-Sensor und einem Gateway besteht. Das Gateway überträgt die von den Sensorknoten gesammelten Daten über den Short Message Service (SMS), der von GSM bereitgestellt wird, an das Kontrollzentrum. Die Sensorknoten sind so eingestellt, dass sie alle zehn Minuten Luftverschmutzungs- und meteorologische Daten sammeln. Um korrekte und genaue Messwerte von den Sensorknoten zu erhalten, wird eine Kalibrierungsgleichung erstellt, die auf einer linearen Regressionsanalyse der Daten der aktuellen Überwachungsstationen basiert.

Die Gleichung wird dann zur Korrektur der Messwerte des CO-Sensors verwendet. Die Sensorknoten wurden in unmittelbarer Nähe mehrerer bestehender Überwachungsstationen platziert, und die erzielten Ergebnisse sind günstig. Der größte Nachteil dieses

Überwachungssystems ist, dass die Sensorknoten nur einen Luftqualitätssensor, den CO-Sensor, enthalten.

Yang, Shao und Wang (2012) entwarfen ein Überwachungssystem für schädliche Gase in einem Spezialfahrzeug. Das System verwendet einen ARM7-Prozessor als Kerncontroller des Systems. Der Controller ist für die Begrenzung der Schadgase, die Systemkalibrierung und die Speicherung der Ergebnisse verantwortlich. Das System besteht aus vier Gassensoren (CO, CO_2, SO2 und NO2) und einem Lüftungsgerät. Wenn der Gehalt an schädlichen Gasen im Inneren des Spezialfahrzeugs den sicheren Grenzwert überschreitet, aktiviert der Kern das Lüftungsgerät. Das Gerät wird so lange aktiviert, bis die Luftqualität im Fahrzeug ein sicheres Niveau erreicht hat. Obwohl dieses Gerät sehr praktisch und stabil ist, ist die Konstruktion sehr komplex und unter anderen Bedingungen schwer zu realisieren.

Wang et al. (2012) implementierten ein autarkes Gerät zur Überwachung der Luftqualität mit drahtloser Sensornetzwerktechnologie (WSN). Dieses Gerät ist langfristig einsetzbar, da es von einer Bleibatterie gespeist wird, die über ein Solarpanel aufgeladen wird. Das System verwendet Octopus II als Sensorknoten und CO- und PM-Sensoren, die mit dem Knoten verbunden sind. Ein GSM-Modul wird verwendet, um den PM-Sensor durch Senden einer Textnachricht fernzusteuern. Die Sensordaten werden alle zehn Minuten gesammelt und an das Gateway gesendet. Die durchgeführten Experimente haben gezeigt, dass dieses System langfristig einsetzbar ist, da es durch Solarzellen betrieben wird. Allerdings hat das System einige Schwierigkeiten im Umgang mit Sensoren, die eine hohe Empfindlichkeit aufweisen.

Reilly, Birner und Johnson (2015) haben ein kostengünstiges Gerät zur Überwachung der Luftqualität entwickelt und umgesetzt. Das Gerät misst die Konzentrationen von CO, PM und O3 und kann netzunabhängig mit einer Batterie oder einem Solarpanel betrieben werden. Als Mikrocontroller wird ein Redboard Arduino-Klon verwendet, und ein GSM-Modul ist enthalten, so dass die Messdaten drahtlos an einen Server übertragen werden können, um die Ergebnisse zu speichern und die Echtzeit-Ergebnisse mithilfe einer Software abzubilden. Das Gerät wird sieben Tage lang getestet und

die gesammelten Ergebnisse passen zu den Trends der aktuellen Luftqualität in dem Gebiet.

Allerdings misst das Gerät nur die Schadstoffkonzentration und bewertet nicht den Luftschadstoffindex.

Firculescu und Tudose (2015) stellten ein kostengünstiges System zur Überwachung der Luftqualität in städtischen Gebieten vor, das mobile Sensoren zur Messung der Luftqualität in Echtzeit einsetzt. Es wurde ein Datenerfassungssystem entwickelt, das auf Crowd Sourcing basiert und bei dem die Daten von den Nutzern mit Hilfe eines PSD, das aus einem CO-Sensor besteht, gesammelt und beigetragen werden. Das Gerät misst die Daten und versieht sie mit den GPS-Koordinaten des Standorts. Die Daten werden von einem cloudbasierten Server empfangen, gespeichert und ins Internet hochgeladen. Das Gerät wird getestet und in einem Auto eingesetzt. Das Ergebnis zeigt, dass die Kohlenmonoxidkonzentration in einem Gebiet mit hohem Verkehrsaufkommen höher ist als in einem Gebiet ohne Verkehr. Allerdings sind die Messdaten dieses Geräts nur auf Gebiete beschränkt, die nur von diesen Verkehrsmitteln befahren werden.

Oletic und Bilas (2015) entwarfen einen tragbaren Sensorknoten, der die Luftqualität in der Menge misst. Es handelt sich um ein tragbares, batteriebetriebenes Gerät mit zwei elektrochemischen Gassensoren, die die Konzentration von CO und NO_2 messen können. Er ist mit einem Bluetooth-Modul ausgestattet, das eine Verbindung mit Smartphones ermöglicht. In einem ersten Außentest wurden 20 Sensorknoten von Fahrradfahrern und Fußgängern in der ganzen Stadt getestet. Die Ergebnisse des Freilufttests wurden mit Laborexperimenten verglichen und die Sensoren zeigten eine gute Genauigkeit. Um das System tragbar zu machen, können jedoch nur zwei Arten von Sensoren in das System integriert werden.

Tudose et al. (2011) stellten ein mobiles System zur Messung der Luftqualität vor, das für den Einsatz im städtischen Umfeld geeignet ist. Das System besteht aus einem Auto-Client und einem Webserver. Ein von der Stromversorgung des Fahrzeugs gespeistes Gerät mit NO-, CO- und Kohlendioxidsensor (CO_2) wird zusammen mit einem GSM/GPRS-Modul in das Fahrzeug eingebaut, so dass es zur Übertragung der Messdaten an einen Server verwendet werden kann. Der Prototyp wird getestet und das Ergebnis mit den erwarteten normalen Werten in der Gegend verglichen.

23

Die Messung des Geräts ergab hohe Werte am Morgen wegen des hohen Verkehrsaufkommens, während die Werte in der Nacht wegen des geringen Verkehrsaufkommens sehr niedrig waren. Allerdings kann dieses System nur die Strecken oder Gebiete messen, die das Auto zurückgelegt hat.

Pogfay et al. (2010) entwickelten eine drahtlose elektronische Nase zur Überwachung der Luftqualität in der Umgebung. Das Gerät besteht aus einem Mikrocontroller, fünf Gassensoren (CO, CO_2, Schwefelwasserstoff, Ammoniak und O_2) und einem ZigBee-Funkmodul. Der Mikrocontroller fungiert als Schnittstelle für die Sensoren, um Daten an das drahtlose ZigBee-Netzwerk zu senden. Die Messdaten der Sensoren werden über das drahtlose ZigBee-Netzwerk an einen Datenbankserver gesendet. Die Daten werden dann mit der Technik der Hauptkomponentenanalyse (PCA) analysiert, so dass sie der Art der Umgebung zugeordnet werden können. Die elektronische Nase wird in verschiedenen Labors getestet. Die Sensoren reagierten gut auf die Luftproben, brauchten aber einige Zeit, um sich zu erwärmen, um stabil zu funktionieren.

Rushikesh und Sivappagari (2015) stellten ein System zur Überwachung der Luftverschmutzung durch Fahrzeuge mit Hilfe von IoT vor. Das System besteht aus einem RFID-Lesegerät mit einem CO2-Sensor und einem Schwefeloxidsensor (SO_x), die zusammen mit einem Arduino-Mikrocontroller integriert sind. Das Überwachungssystem wird am Straßenrand platziert und erkennt Fahrzeuge, die mit RFID-Karten ausgestattet sind. Wenn ein Fahrzeug an der Überwachungsvorrichtung vorbeifährt, erkennt das RFID-Lesegerät das Fahrzeug und die Sensoren werden aktiviert, um die von den Fahrzeugen erzeugte Luftqualität zu messen. Überschreitet das Fahrzeug die eingestellte Luftqualitätsstufe, wird eine Warnmeldung über die LoT-Anwendung an den Besitzer des Fahrzeugs gesendet. Das System wurde mit verschiedenen Fahrzeugtypen erprobt und die Leistung wurde als erfolgreich bestätigt. Um dieses Überwachungssystem zu implementieren, muss jedoch eine RFID-Karte in die Fahrzeuge eingesetzt werden, da das Überwachungssystem sonst nicht in der Lage ist, die Luftqualität zu messen.

Yang und Li (2015) stellten ein intelligentes Sensorsystem zur Überwachung der Luftqualität vor. Das System besteht aus einem Mikroprozessor, einem PM2,5-Sensor, einem

CO2-Sensor, einem CO-Sensor, einem Gefahrengasdetektor und einem VOC-Sensor. Wenn eine Person die Luftqualität mit dem Gerät messen möchte, kann sie die Anwendung auf ihrem Smartphone starten. Der Sensor beginnt mit der Messung der Luftqualität und sendet die Daten über Bluetooth an das Smartphone zurück. Die Daten können mit den Informationen über GPS-Standort, Datum und Uhrzeit auf den Server hochgeladen werden. Die Echtzeit-Informationen über die Luftqualität eines Ortes können jedoch nur abgerufen werden, wenn der Benutzer die Messwerte übermittelt.

Brienza, Galli, Anastasi und Bruschi (2014) schlugen ein kooperatives Sensorsystem zur Überwachung der Luftqualität namens "uSense" vor. uSense besteht aus einem CO-Sensor, einem CO2-Sensor, einem NO2-Sensor, einem O3-Sensor und einem VOC-Sensor. Die Sensoren messen die Schadstoffkonzentration und senden die Daten über WiFi an den uSense-Server. Der Server speichert die Messdaten in einer Datenbank und die Daten können von allen uSense-Benutzern über die Website abgerufen werden. Das Gerät wurde getestet und die Sensoren arbeiten nachweislich korrekt und genau. Allerdings ist nur eine Wi-Fi-Verbindung verfügbar, da dieses Gerät die Luftqualität außerhalb von Häusern messen soll. Daher wird für den Einsatz dieses Geräts ein Wi-Fi-Zugangspunkt benötigt. Tabelle 2.5 zeigt die Zusammenfassung der Methode(n), Stärken und Einschränkungen der entsprechenden Arbeiten.

Tabelle 2.5 Zusammenfassung verwandter Arbeiten

Author(s), Year	Method(s)	Strength	Limitation
Hasenfratz et al., 2012	Mobile sensing system for participatory air quality monitoring. Sensor is connected to the smartphones via USB host mode and connected to software that is compatible with Android OS.	Low cost sensor and high sensing data accuracy.	Only one type of gas sensor can be used in one time.

Ibrahim et al., 2015	Environmental monitoring device using RPi as the processor and it can be remotely accesses through IoT platform.	Can be remotely access and the measurement can be accessed by anyone via the website.	Power consumption of RPi is very limited. Components must be chosen correctly to prevent damages to the device.
Devarakonda et al., 2013	Custom made mobile sensing box with Arduino as microcontroller with CO and dust (PM) sensor for public transportation and NODE wireless sensor (CO sensor) for PSD.	Measure fine-grained air quality in real-time.	Air quality measurement data is limited to areas that only covered by those transportation.
Firculescu and Tudose, 2015	Crowd sourcing data collection system using PSD that is consists of CO sensor and is deployed inside a car.	Measure fine-grained air quality in real-time.	Air quality measurement data is limited to areas that only covered by those transportation.
Tudose et al., 2011	A mobile air quality measurement system that is suitable to use in urban environment. It is powered by a car's power supply with NO, CO and carbon dioxide (CO_2) sensor is embedded to the car together with a GSM/GPRS module.	The measurement can be freely accessed by the public via a website.	Air quality measurement data is limited to areas that only covered by those transportation.
Keyang et al., 2013	Using discrete Hopfield network to establish a model to classify the air quality level.	Simple and effective air quality classification.	Value is predicted, not in real-time.

Li et al., 2014	Portable and low power consumption sensor that can measure the concentration of $PM_{2.5}$ based on light scattering.	Low cost, portable and low power consumption.	Only measure the concentration of $PM_{2.5}$.
Zhang et al., 2012	Using moving average method to predict the air quality.	One day moving average prediction have the highest accuracy.	Accuracy of prediction depends on the weather conditions.
Ali et al., 2015	Solar powered wireless ambient air quality monitoring system. Using Arduino as microcontroller, ZigBee mesh network, and sensor node consist of CO, NO_2 and PM sensor.		The air quality can only be viewed by computer with the same network.
Reilly et al., 2015	Air quality monitoring device that measures the concentrations of CO, PM and O_3. Redboard Arduino clone is used as processor and it can be operated off-grid using battery or solar panel. GSM module is used to transfer the sensing data wirelessly to server.	Low cost and low complexity.	The device only measures the concentration of pollutant and did not evaluate the air pollutant index.
Liu et al., 2015	A sensor device for public bicycle to monitor the air quality in the city. The device consist of single chip processor, GPS receiver, Bluetooth interface, exhaust gas sensor and PM sensor.	Low cost, provide the specific time and place of the data.	The area of measurement is not wide since it only depends on the bicycle user.

Brienza et al., 2014	A co-operative sensing system for air quality monitoring called 'uSense' that consist of CO sensor, CO_2 sensor, NO_2 sensor, O_3 sensor and VOC sensor. The sensors will measure the concentration of pollutants outside homes and send the data to the server via Wi-Fi.	Small, low cost and easy to deploy. Provide AQI value.	Only Wi-Fi connectivity is available. Therefore, to deploy this device, a Wi-Fi access point is needed.
Yang et al. (2012)	Air quality monitoring system of harmful gas inside a special vehicle. ARM7 is used as the processor. The device consists of four gas sensors which are CO, CO_2, SO_2 and NO_2 and a ventilation device.	Convenient and good stability.	Design is complex and it is hard to implement in normal conditions.
Pogfay et al., 2010	A wireless electronic nose to monitor the air quality of the environment. The device consist of a microcontroller, CO, CO_2, Hydrogen Sulfide, Ammonia and O_2 gas sensors and a ZigBee wireless module. Sensing data from the sensors are sent to a database server via ZigBee wireless network.	Sensing data are analyzed by PCA technique so that it can be classified to the type of environment.	Design is complex since it used many kinds of sensor and each sensor needed some time to heat up to be stable.
Liu et al., 2012	Automatic air quality monitoring system based on WSN technology that integrates with GSM. The system includes signal processing module, CO sensor, and a gateway. Gateway will transmit the data collected by the sensor	Good sensor calibration. The CO concentration can be viewed in mobile devices.	Only measure the concentration of CO.

	nodes to the control center via SMS.		
Hussein, 2012	Computer based system to measure concentration of CO in the atmosphere and combustion engine exhaust gas by using O_2 sensor.	Cost-effective measurement system.	Only measure the concentration of CO.
Oletic and Bilas, 2015	A wearable air quality crowd-sensing sensor node. It is a battery powered device with two electrochemical gas sensors that can measure the concentration of CO and NO_2. It is built in with Bluetooth module to connect with smart phones.	Portable, low cost and good accuracy.	Only use two types of sensor due to size constraint.
Wang et al., 2012	Self-sustainable air quality monitoring device with WSN technology. Octopus II is used as sensor nodes and CO and dust (PM) sensor is connected to the node. This device is powered by a lead acid battery which uses solar panel to recharge. A GSM is used to remotely control the PM sensor by sending a text message.	Long-term monitoring capability.	Difficulties dealing with sensors that have high sensitivity.
Rushikesh et al., 2015	A vehicular air pollution monitoring system using IoT that consists of RFID reader with CO_2 sensor and SO_x sensor that are integrated along with Arduino microcontroller. The system will detect vehicles that passes by the device and	Low cost and gives warning to user if the air pollution exceeded the threshold value.	To implement this monitoring system, RFID card must be inserted in vehicles or else the monitoring

	activate the sensors to measure the air quality produced by the vehicles.		system will not be able to measure the air quality.
Yang et al., 2015	A smart sensor system for air quality monitoring that consist of a microprocessor, $PM_{2.5}$ sensor, CO_2 sensor, CO sensor, hazard gas detector and VOC sensor. When an individual wants to measure the air quality, he can run the application on his smartphone. The sensors will start measuring the air quality and transmit the data back to the smartphone via Bluetooth.	Portable and low power consumption.	The real-time air quality information of a place can only be obtained if the user submit the readings.

Aus der Zusammenfassung in Tabelle 2.5 geht hervor, dass die meisten Forscher ihr System zur Überwachung der Luftqualität mit einem drahtlosen Sensornetz konzipiert haben. Die vom Gerät gemessenen Daten werden drahtlos an den Server übertragen, so dass das Ergebnis von jedem überwacht werden kann. In dieser Studie zeigt das System nur den aktuellen API-Wert an und speichert ihn auf einer Speicherkarte zur Datenaufzeichnung.

Die Forscher müssen auch sicherstellen, dass ihr Design kostengünstig oder kosteneffektiv ist, indem sie Sensoren und Mikrocontroller verwenden, die auf dem Markt leicht erhältlich sind. Darüber hinaus enthalten die meisten Luftqualitätsmesssysteme in Tabelle 2.5 nicht alle sechs Schadstoffsensoren und messen nur die Hauptschadstoffe in dem Gebiet wie O_3, CO und PM. Dies wird in dieser Studie ähnlich sein, da das Luftqualitätsmesssystem nur drei Sensoren umfasst, die die wichtigsten Luftschadstoffe in Malaysia messen.

KAPITEL 3

METHODIK

3.1 EINFÜHRUNG

Dieses Kapitel zeigt den Hardware- und Softwareentwurf für das System zur Messung der Außenluftqualität. Der Hardware-Entwurf umfasst die in diesem Buch zu verwendenden Komponenten und das Blockdiagramm des gesamten Systems. Der Software-Entwurf enthält das Programm, mit dem alle Hardware-Komponenten verbunden werden sollen, sowie das Flussdiagramm des Systems.

3.2 HARDWARE-DESIGN

Abbildung 3.1 zeigt das Blockdiagramm des vorgeschlagenen Systems zur Überwachung der Luftverschmutzung.

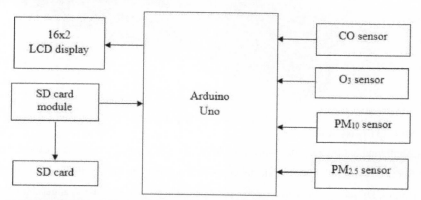

Abbildung 3.1 Blockdiagramm des vorgeschlagenen Systems zur Überwachung der Luftverschmutzung

3.2.1 Arduino Uno

Abbildung 3.2 zeigt ein Beispiel für ein Arduino Uno Board. Arduino Uno besteht aus 14 digitalen Eingangs-/Ausgangsstiften (E/A) und 6 analogen Eingangsstiften. Es läuft auf einem ATmega328p-Prozessor mit einer Taktfrequenz von 16MHz. Arduino-Boards sind so konzipiert, dass sie leicht mit einer Vielzahl von Sensoren und anderen Komponenten verbunden werden können. Die Betriebsspannung des Arduino Uno beträgt fünf Volt und er kann leicht über ein USB-Kabel oder eine Batterie mit Strom versorgt werden. In diesem Buch wird der Arduino Uno der Mikrocontroller sein, der alle Sensoren und anderen Komponenten miteinander verbindet.

Abbildung 3.2 Arduino Uno Platine

3.2.2 MQ- 131 Gassensor

Abbildung 3.3 (a) zeigt den Gassensor MQ- 131. Der MQ-131-Gassensor kann O3 in einem Bereich von 10ppb bis 2ppm nachweisen. Er hat eine hohe Empfindlichkeit und reagiert schnell auf o3. Dieser Sensor wird an einen der Analogeingänge des Arduino angeschlossen und misst die Konzentration von O3 in ppm in der Luft. Um den Konzentrationswert in ppm zu bestimmen, wird die Gleichung der Empfindlichkeitskennlinie von O3 in Gl. (3.1) verwendet, die aus Abbildung 3.3 (b) abgeleitet ist. Die O3-Konzentration wird gemäß Gl. (2.2) in einen Sub-API-Wert umgerechnet.

$$y = 26{,}291 \; x^{-0{,}868} \quad (3.1)$$

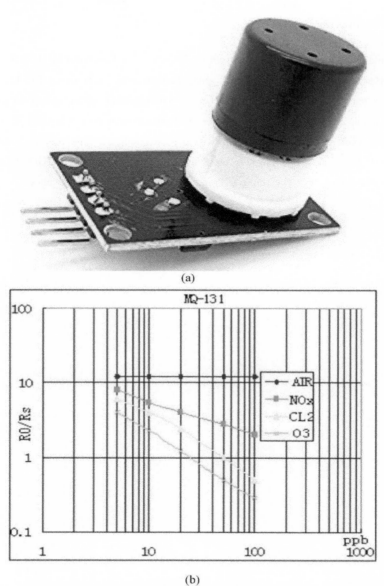

(a)

(b)

Abbildung 3.3 (a) MQ-131-Gassensor und (b) Empfindlichkeitskennlinie von O3 aus dem Datenblatt

3.2.2 MQ- 9 Gassensor

Abbildung 3.4 (a) zeigt den Gassensor MQ- 9. Der Gassensor MQ- 9 kann CO, Wasserstoffgas (H2), Flüssiggas (LPG) und Methan (CH4) erkennen. Er kann CO-Konzentrationen von 10ppm bis 100 ppm erkennen. Dieser Sensor wird an einen der analogen Pins des Arduino angeschlossen und misst die CO-Konzentration in ppm in der Luft. Um den Konzentrationswert in ppm zu bestimmen, wird die Gleichung der Empfindlichkeitskennlinie von CO in Gl. (3.2) verwendet, die aus Abbildung 3.4 (b) abgeleitet ist. Die CO-Konzentration wird unter Verwendung von Gleichung (2.1) in einen Sub-API-Wert umgerechnet.

$$y= 25{,}287\, x^{-0{,}501} \qquad (3.2)$$

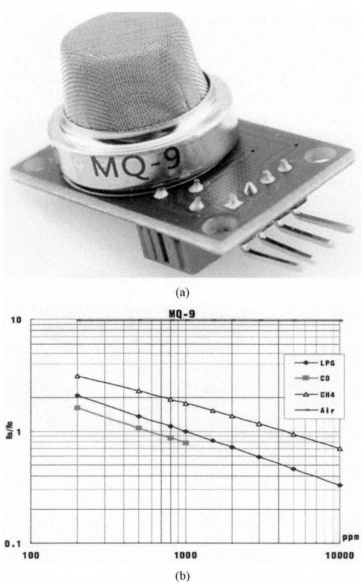

(a)

(b)

Abbildung 3.4 (a) Gassensor MQ- 9 und (b) Empfindlichkeitskennlinie von CO aus dem Datenblatt

3.2.4 Shinyei PPD42NS Optischer Staubsensor

Abbildung 3.5 (a) zeigt den optischen Staubsensor PPD42NS von Shinyei. Dieser Sensor wird zur Messung der PM2,5-Konzentration verwendet. Dieser Sensor kann Partikel mit einer Mindestgröße von einem Mikrometer erkennen. Er erzeugt einen digitalen Lo-Impuls-Ausgang für PM und zählt die Zeit oder die Lo-Impuls-Belegung (LPO) der erkannten Partikel durch die Fotodiode. Je höher die LPO-Zeit, desto höher ist die PM2,5-Konzentration. Dieser Sensor wird an einen der digitalen Pins des Arduino angeschlossen. Zur Bestimmung der Staubkonzentration in mg/m^3 wird die aus Abbildung 3.5 (b) abgeleitete Gleichung der Empfindlichkeitskennlinie von Partikeln verwendet. Die PM2,5-Konzentration wird dann mit Gleichung (2.5) in einen Sub-API-Wert umgerechnet.

(a)

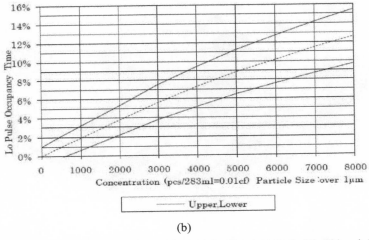

Smoke(Cigarette) Output P1 Characteristics

(b)

Abbildung 3.5 (a) Shinyei PPD42NS Optischer Staubsensor und (b) Shinyei PPD42NS Empfindlichkeitskurve aus dem Datenblatt

3.2.5 GP2Y1010AU0F Kompakter optischer Staubsensor

Abbildung 3.6 (a) zeigt den kompakten optischen Staubsensor GP2Y1010AU0F. Dieser Staubsensor erkennt alle Partikel in der Luft. Er verwendet eine Infrarot-Emissionsdiode und einen Fototransistor, um das reflektierte Licht der Partikel in der Luft zu erkennen. Dieser Sensor ist mit einem analogen und einem digitalen Pin am Arduino verbunden. Die Ausgangsspannung ist proportional zur Staubdichte in mg/m^3 wie in Abbildung 3.6 (b) gezeigt. Die Staubdichte wird gemäß Gleichung (2.5) in einen Sub-API-Wert umgerechnet.

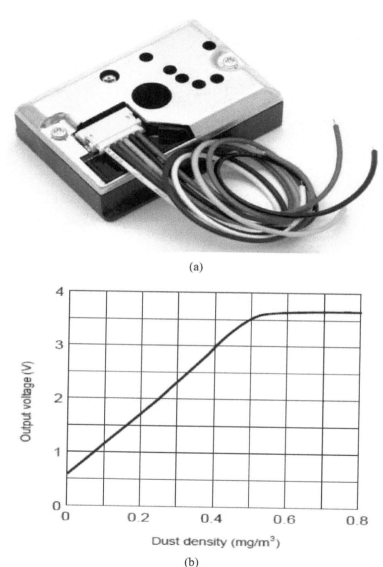

(a)

(b)

Abbildung 3.6 (a) Kompakter optischer Staubsensor GP2Y1010AU0F und (b) Diagramm der Ausgangsspannung im Vergleich zur Staubempfindlichkeit für den GP2Y1010AU0F Staubsensor

38

3.2.3 Micro-SD-Karten-Modul

Abbildung 3.7 zeigt das Mikro-SD-Kartenmodul. Dieses Modul wird für die Datenaufzeichnung verwendet. Die gemessenen Schadstoffkonzentrationen und der API-Wert werden auf der Mikro-SD-Karte gespeichert. Vier der Pins des Mikro-SD-Kartenmoduls (MOSI, MISO, SCK und CS) werden mit den digitalen E/A-Pins des Arduino verbunden.

Abbildung 3.7 Micro-SD-Kartenmodul

3.2.4 16 x 2 LCD-Anzeige

Abbildung 3.8 zeigt eine 16 x 2 LCD-Anzeige. Es unterstützt 16 Zeichen und 2 Zeilen. Es wird über ein I2C-Treibermodul angeschlossen, das die an den Arduino anzuschließenden Datenpins von sechs digitalen E/A-Pins auf zwei analoge Eingangspins reduziert. Dieses LCD-Display wird verwendet, um den Sub-API-Wert, den API-Wert und die Luftqualitätsanzeige des gemessenen Bereichs anzuzeigen.

Abbildung 3.8 16 x 2 LCD-Anzeige

3.3 SOFTWARE-ENTWICKLUNG

Das System zur Messung der Luftqualität wird gemäß dem Flussdiagramm in Abbildung 3.9 programmiert. Das Programm ist in vier Hauptteile unterteilt: Datenerfassung, Datenumwandlung, Datenvergleich und Datenklassifizierung.

Bei der Datenerfassung misst jeder Sensor die Konzentration der Schadstoffe. Die Sensoren MQ-9 und MQ-131 liefern analoge Werte, die Sensoren Shinyei PPD42NS und Sharp GP2Y1010AUF liefern digitale Werte.

Bei der Datenumwandlung werden sowohl analoge als auch digitale Messwerte in die jeweiligen Schadstoffkonzentrationseinheiten ppm für CO und o_3 und mg/m^3 für PM umgewandelt. Die Konzentration jedes Schadstoffs wird zur Berechnung des Sub-API-Werts jedes Schadstoffs unter Verwendung der Gleichungen (2.1), (2.2) und (2.5) verwendet.

Beim Datenvergleich werden die vier Teil-API-Werte miteinander verglichen, und der höchste Teil-API-Wert unter allen Schadstoffen ist der in Gleichung (2.6) angegebene API-Wert.

40

Bei der Datenklassifizierung wird der API-Wert den API-Angaben in Tabelle 2.1 zugeordnet. Das System ist so eingestellt, dass der API-Wert alle fünf Minuten gemessen wird.

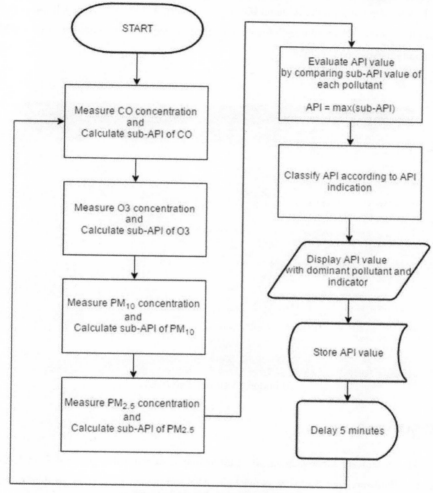

Abbildung 3.9 Flussdiagramm des Systems

3.3.1 Integrierte Arduino-Umgebung (IDE)

Das System wird mit der Arduino IDE programmiert, wie in Abbildung 3.10 dargestellt. Arduino IDE ist eine Open-Source-Software, die einen Texteditor zum Schreiben von Codes in der Programmiersprache C enthält.

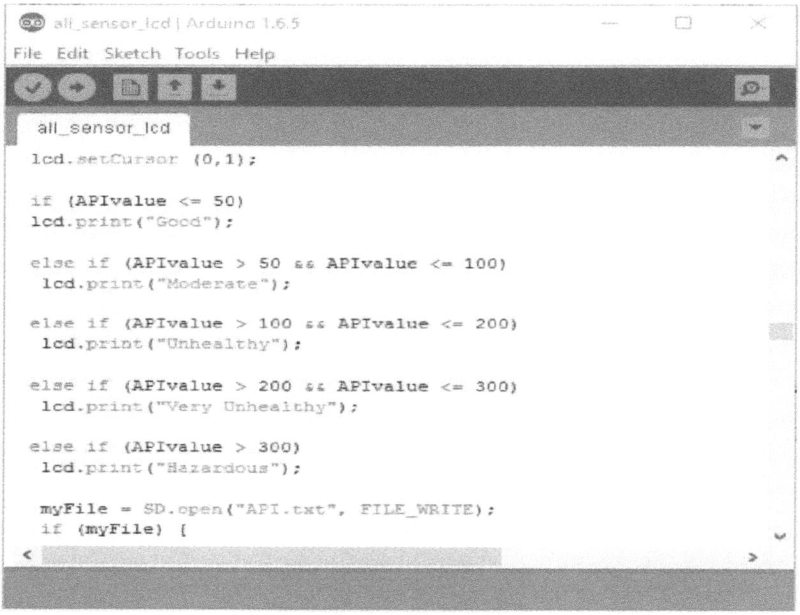

Abbildung 3.10 Arduino IDE

3.4 ZUSAMMENFASSUNG

Das System zur Überwachung der Luftqualität wird mit Hilfe der in diesem Kapitel erwähnten Hardware und Software entwickelt. Alle Komponenten werden an den Arduino angeschlossen und gemäß den Angaben im Flussdiagramm programmiert. Um sicherzustellen, dass alle Komponenten und Programme korrekt funktionieren, werden verschiedene Experimente durchgeführt. Die Ergebnisse dieser Experimente werden in Kapitel 4 diskutiert und analysiert.

KAPITEL 4

ERGEBNISSE UND ANALYSE

4.1 EINFÜHRUNG

I n diesem Kapitel werden verschiedene Experimente durchgeführt, um die Reaktion der einzelnen Sensoren auf die Luftschadstoffe zu testen. Nach der Beobachtung der individuellen Reaktion der einzelnen Sensoren werden alle Sensoren zusammengeführt, um die Reaktion des Systems zu beobachten.

4.2 VERSUCHSAUFBAU

4.2.1 CO Versuchsaufbau

Abbildung 4.1 zeigt den Versuchsaufbau für den CO-Sensor. Es werden zwei Sensortypen verwendet: MQ7- und MQ9-Sensor. Für den CO-Sensor werden zwei Experimente mit zwei verschiedenen CO-Quellen durchgeführt, nämlich Zigarettenrauch und Auspuffgase eines Autos.

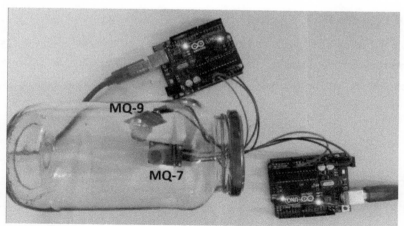

Abbildung 4.1 CO-Versuchsaufbau

4.2.2 PM Versuchsaufbau

Die PM10- und PM2,5-Sensoren wurden zusammen unter den gleichen Bedingungen getestet. Als Staubquelle wird Pulver verwendet, und ein Ventilator wurde auf das Pulver gerichtet, um sicherzustellen, dass es sich im Behälter verteilt. Abbildung 4.2 zeigt den Versuchsaufbau des PM-Sensors.

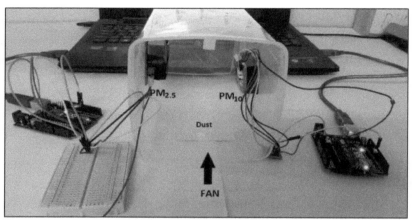

Abbildung 4.2 PM-Versuchsaufbau

4.2.3 O3 Versuchsaufbau

Um o3 nachzuweisen, wird ein Experiment zu zwei verschiedenen Zeiten durchgeführt. Ein Versuch wird morgens und ein weiterer am Nachmittag durchgeführt. Der Sensor wird in der Nähe einer Bushaltestelle an einer verkehrsarmen Straße angebracht. Abbildung 4.3 zeigt den Versuchsaufbau.

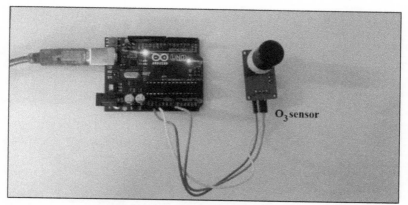

Abbildung 4.3 O3-Versuchsaufbau

4.2.4 API Versuchsaufbau

Für dieses Experiment werden alle vier Sensoren zusammen integriert. Das System wird an drei verschiedenen Standorten getestet, wie in Abbildung 4.4 (a), (b) und (c) dargestellt.

(a)

(b)

(c)

Abbildung 4.4 Versuchsaufbau an drei verschiedenen Orten: (a) Wohnheim, (b) Fakultät und (c) Straßenrand

4.3 EXPERIMENT ZUR MESSUNG VON KOHLENMONOXID

Im ersten Versuch werden die Zigaretten zusammen mit den beiden Sensoren in ein Glasgefäß gelegt und der Deckel des Gefäßes wird fest verschlossen. Im zweiten Versuch werden die Abgase eines Autos aufgefangen und in einem Glasgefäß eingeschlossen. Die beiden Sensoren werden in das Glas gelegt und der Deckel des Glases fest verschlossen. Die CO-Konzentrationen werden bei beiden Versuchen alle fünf Sekunden innerhalb von fünf Minuten gemessen, und die Ergebnisse werden in Abbildung 4.5 (a) und (b) grafisch dargestellt.

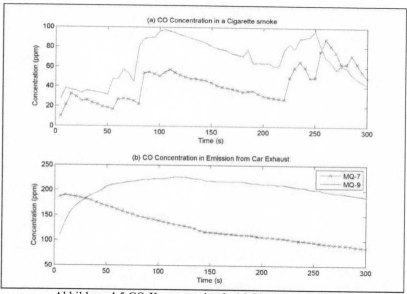

Abbildung 4.5 CO-Konzentration in (a) Zigarettenrauch und

(b) Emissionen aus Autoabgasen

Aus dem Diagramm in Abbildung 4.5 (a) geht hervor, dass der MQ-9-Sensor schnell anspricht und empfindlicher auf CO-Gas reagiert als der MQ-7-Sensor. Bei dem Experiment mit CO aus Autoabgasen zeigte das Diagramm in Abbildung 4.5 (b) einen sehr großen Unterschied in der CO-Konzentration des MQ-7- und des MQ-9-Sensors. Da im Vergleich zum Experiment mit einer Zigarette kein gleichmäßiger CO-Fluss im Glas vorhanden ist, sind die

Ergebnisse nicht schlüssig. Aufgrund dieser Analyse wird der MQ-9-Sensor für die Erkennung und Messung von CO im Luftqualitätsmesssystem ausgewählt.

4.4 EXPERIMENT ZUR MESSUNG VON FEINSTAUB

Die PM10- und PM2,5-Konzentrationen wurden alle fünf Sekunden während fünf Minuten gemessen. Das Ergebnis des Experiments ist in Abbildung 4.6 grafisch dargestellt.

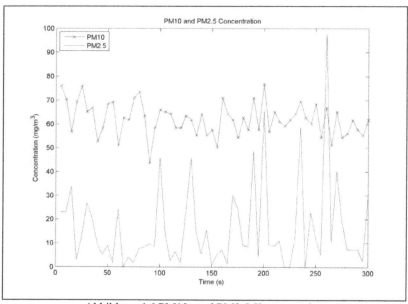

Abbildung 4.6 PM10- und PM2.5-Konzentration

Aus dem Diagramm in Abbildung 4.6 geht hervor, dass die PM10-Konzentration stabil ist. Der Wert reicht von 45 bis 75 mg/m^3 . Die Messwerte der PM2,5-Konzentration scheinen jedoch instabil zu sein. Da Pulver als Staubquelle verwendet wird, kann der PM2,5-Sensor das Pulver nicht erkennen, da die Größe der Pulverpartikel zu groß ist, um vom Sensor erfasst zu werden. Aus diesem Grund erreichen die Messwerte zu bestimmten Zeiten immer Spitzenwerte.

Aus diesem Experiment lässt sich schließen, dass beide Sensoren positiv auf den Staub reagieren.

4.5 EXPERIMENT ZUR OZONMESSUNG

Der MQ-131-Gassensor wurde zu beiden Zeitpunkten unter den gleichen
Verkehrsbedingungen getestet. Die Messwerte wurden alle fünf Sekunden in fünf Minuten
aufgenommen. Das Ergebnis des Experiments ist in Abbildung 4.7 unten dargestellt.

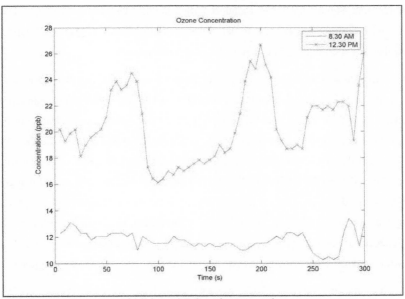

Abbildung 4.7 Ozonkonzentration

Aus dem Diagramm in Abbildung 4.7 geht hervor, dass die Ozonkonzentration um 12.30
Uhr am Nachmittag höher ist als um 8.30 Uhr am Morgen. Bodennahes Ozon wird durch die
Reaktion von NO2, CO und VOC mit Sonnenlicht erzeugt. Aus diesem Grund sind die
Messwerte um 12.30 Uhr höher, weil die Sonne am Nachmittag sehr hell scheint. Ausgehend
von den Beobachtungen erreichen die Messwerte der Kurve immer dann ihren Höhepunkt,
wenn große Fahrzeuge wie Busse und Lastwagen am Sensor vorbeifahren, da beide Fahrzeuge
große Emissionen erzeugen. Aus den Ergebnissen dieses Experiments geht hervor, dass der

49

MQ-131-Sensor sehr gut auf bodennahes Ozon reagiert.

4.6 EXPERIMENT ZUR API-MESSUNG

Dieses Experiment wird an drei verschiedenen Orten durchgeführt, nämlich im Wohnheim, in der Fakultät und am Straßenrand. Das Ergebnis des Experiments wird mit dem aktuellen API-Wert verglichen, der von CAQMs in Batu Muda zur gleichen Zeit des Experiments gemessen wurde. In Abbildung 4.8 (a), (b) und (c) wird der Sub-API alle fünf Minuten für eine Stunde für jeden Standort aufgezeichnet. Um die gemessenen Daten zu validieren, wird dasselbe Experiment in der Nähe des Batu Muda CAQMs durchgeführt. Das Endergebnis der Experimente ist in Tabelle 4.1 zusammengefasst.

Aus Abbildung 4.8 (a), (b) und (c) ist ersichtlich, dass die Teil-APIs von PM10 an allen Standorten am höchsten sind, während die Teil-APIs von PM2,5 an allen drei Standorten niedrig bleiben. Dies ist auf die Tatsache zurückzuführen, dass PM2,5 sehr klein sind und nur bei sehr starker Luftverschmutzung nachgewiesen werden können. In (a) und (b) sind die Teil-APIs für CO alle gleich Null, da während des Versuchs keine Fahrzeuge emittiert wurden. In (c) gibt es zwar Messwerte für den Teil-API von CO, aber sie sind eher niedrig. Dies ist auf den geringen Verkehr während des Versuchs zurückzuführen, und die CO-Konzentration hängt von den Fahrzeugen ab, die große Mengen an Emissionen verursachen. In (c) sind die Sub-APIs von O3 im Vergleich zu (a) und (b) am höchsten. Dies ist auf das Vorhandensein von CO und anderen Schadstoffen zurückzuführen, die in Gegenwart von Sonnenlicht miteinander reagieren.

Aus Tabelle 4.1 geht hervor, dass der API-Wert an den einzelnen Standorten von dem durch CAQMs gemessenen Wert abweicht. Der API-Wert aus dem Experiment am Straßenrand ist viel höher als der von den CAQMs angezeigte API-Wert. Dies ist darauf zurückzuführen, dass am Straßenrand aufgrund der Emissionen von Fahrzeugen mehr Schadstoffe vorhanden sind als an anderen Orten. Aus diesem Experiment lässt sich schließen, dass verschiedene Orte unterschiedliche API-Werte aufweisen, obwohl sie sich in unmittelbarer Nähe zueinander befinden.

Anhang A zeigt den Arduino-Code.

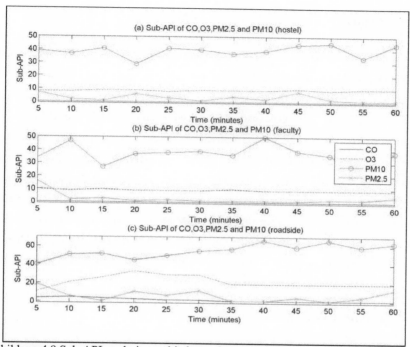

Abbildung 4.8 Sub-API an drei verschiedenen Orten: (a) Wohnheim, (b) Fakultät und (c) Straßenrand

Tabelle 4.1 API-Ergebnis

Location	Batu Muda (CAQMs)	Hostel	Campus	Roadside
Average API value	55	39	37	55
Indication	Moderate	Good	Good	Moderate
Dominant pollutant	PM_{10}	PM_{10}	PM_{10}	PM_{10}
API value (CAQMs)	64	38	40	35
Dominant pollutant (CAQMs)	PM_{10}	PM_{10}	PM_{10}	PM_{10}
Indication (CAQMs)	Moderate	Good	Good	Good

4.7 DISKUSSION

Es wurden vier Experimente durchgeführt, um die Reaktion der einzelnen Sensoren auf die erkannten Schadstoffe sowie die Reaktion bei der Integration von vier Sensoren in ein System zu testen. Die Analyse der Experimente ergab, dass jeder der Sensoren sehr gut auf Luftschadstoffe reagiert. Der Gassensor MQ-9 zeigte eine schnelle Reaktion und hohe Empfindlichkeit gegenüber CO-Gas. Der optische Staubsensor Shinyei PPD42NS zeigte eine gute Reaktion auf $PM_{2,5}$, obwohl die Messwerte etwas instabil sind. Der kompakte optische Staubsensor GP2Y1010AUF zeigte eine sehr gute und stabile Reaktion auf PM_{10} und der Gassensor MQ-131 eine gute Reaktion auf bodennahes Ozon. Wenn alle vier Sensoren zusammen integriert werden, zeigen die Sub-API-Messwerte der einzelnen Schadstoffe ein günstiges Ergebnis. Das System wurde mit den CAQMs in Batu Muda validiert. Die prozentuale Fehlerquote beträgt 14 %. Dennoch stimmen die Sub-APIs der einzelnen Standorte mit der aktuellen Umgebung des Versuchsortes überein.

4.8 ZUSAMMENFASSUNG

Alle vier Sensoren reagierten in den durchgeführten Experimenten positiv auf die erkannten Schadstoffe. Wenn alle vier Sensoren zusammen integriert werden, ist das System in der Lage, den Sub-API-Wert für jeden Schadstoff zu bewerten und die Werte zu vergleichen, um den Höchstwert als aktuellen API-Wert zu erhalten. Das System ist auch in der Lage, die Luftqualität gemäß den Angaben in Tabelle 2.1 zu klassifizieren.

KAPITEL 5

SCHLUSSFOLGERUNGEN UND KÜNFTIGE ARBEITEN

5.1 SCHLUSSFOLGERUNGEN

In dieser Studie wurde ein System zur Messung der Außenluftqualität erfolgreich entworfen und implementiert. Das Gerät verwendet einen Arduino Uno als Mikrocontroller und vier kostengünstige Schadstoffsensoren, nämlich einen CO-Sensor, einen O3-Sensor, einen PM10- und einen PM2,5-Sensor. Diese Sensoren sind in der Lage, die Schadstoffkonzentration zu messen. Die Konzentrationswerte werden in Sub-API-Werte umgewandelt und die Sub-API-Werte der einzelnen Schadstoffe werden miteinander verglichen. Der höchste Sub-API-Wert wird als aktueller API-Wert herangezogen.

Der ermittelte API-Wert wird gemäß dem API-Indikator in Tabelle 2.1 als gut, mäßig, ungesund, sehr ungesund oder gefährlich eingestuft. Durch diese Klassifizierung wird es für die Menschen einfacher sein, die aktuelle Luftqualität in ihrer Umgebung zu erkennen. Die Ergebnisse der Experimente zeigen, dass das System positiv auf die Luftschadstoffe reagiert. Der prozentuale Fehler des Systems beträgt 14 %. Dennoch hat dieses System bewiesen, dass verschiedene Orte unterschiedliche API-Werte haben, obwohl die Gebiete nahe beieinander liegen, je nach ihrer Umgebung.

Dieses System ist kostengünstig und tragbar im Vergleich zu den bestehenden Überwachungsstationen, die statisch und kostspielig sind. Es ist für Menschen jeden Alters geeignet und kann jederzeit und überall eingesetzt werden. Darüber hinaus ist dieses System in der Lage, die PM2,5-Konzentration zu messen und den SubAPI-Wert zu bewerten, was die derzeitigen Messstationen in Malaysia noch nicht können. Daher kann dieses Luftqualitätsmesssystem sicherlich zur Entwicklung des derzeitigen API-Messsystems in Malaysia beitragen.

5.2 KÜNFTIGE ARBEIT

Diese Studie hat alle Ziele erreicht. Es gibt jedoch noch Raum für weitere Verbesserungen. Ein drahtloses Modul kann in das System integriert werden, so dass die Daten nicht nur auf dem LCD-Display angezeigt und auf der Speicherkarte gespeichert werden, sondern auch online an andere Benutzer gesendet und von ihnen abgerufen werden können.

Darüber hinaus können dem System weitere Schadstoffsensoren hinzugefügt werden, so dass es die gleichen Fähigkeiten wie die derzeitigen CAQMs hat, die die Konzentration und den Sub-API für alle sechs Luftschadstoffe messen. Eine ordnungsgemäße Sensorkalibrierung kann durchgeführt werden, um den Fehlerprozentsatz des Systems zu senken, so dass die Ergebnisse genauer werden. Schließlich könnte die Funktionalität des vorgeschlagenen Systems durch Hinzufügen anderer Arduino-Schilde erweitert werden.

BIBLIOGRAPHIE

Afroz, Hassan, & Akma. (2003). Überblick über Luftverschmutzung und gesundheitliche Auswirkungen in Malaysia. *Environmental Research 92,* 71-77.

Luftqualität. (n.d.). Abgerufen vom offiziellen Portal des Umweltministeriums: http://www.doe.gov.my/portalv1/en/awam/maklumat-alam-sekitar/kualiti- udara

Ali, H., Soe, J., & Weller, S. R. (2015). A Real Time Ambiiet Air Quality Monitoring Wireless Sensor Network for Scholls in Smart Cities. *Smart Cities Conference (ISC2)* (pp. 1-6). Guadalajara: IEEE.

Amos, H. (2016, 2 12). *Schlechte Luftqualität tötet jährlich 5,5 Millionen Menschen weltweit.* Abgerufen von UBC News: http://news.ubc.ca/2016/02/12/poor-air- quality-kills-5-5-million-worldwide-annually/

Ashikin, Ling, O., & Dasimah. (2015). Städtische Luftqualität und Auswirkungen auf die menschliche Gesundheit in Selangor, Malaysia. *Procedia- Social and Behavioral Science 170,* 282-291.

Azizi. (2015, Oct 31). *Malaysia braucht den 2,5-Luftschadstoffindex (API) für den Dunst, sagt UTM-Professor.* Abgerufen von The Rakyat Post: http://www.therakyatpost.com/news/2015/10/31/malaysia-needs-the-2-5- air-pollutant-index-api-reading-for-the-haze-says-utm-professor/

Bhattacharya, S. (2016). *Indien und China haben die meisten Todesfälle durch Umweltverschmutzung.* Abgerufen von The Wall Street Journal: http://blogs.wsj.com/indiarealtime/2016/02/16/india-and-china-have- most-deaths-from-pollution/

Brienza, S., Galli, A., Anastasi, G., & Bruschi, P. (2014). A Cooperative Sensing System for Air Quality Monitoring in Urban Areas. *International Conference onSmart Computing Workshops (SMARTCOMP Workshops)* (pp. 15-20). Hong Kong: IEEE.

Daly, & Zannetti. (2007). Eine Einführung in die Luftverschmutzung. In Zannetti, Al-Ajmi, &

Al-Rashied, *Ambient Air Pollution*. Freemont, CA (USA): Das EnviroComp Institut.

Devarakonda, S., Sevusu, P., Liu, H., Liu, R., Iftode, L., & Nath, B. (2013). *Realtime Air Quality Monitoring Through Mobile Sensing in Metropolitan Areas*. Chicago: IEEE.

DOE. (2000). *Ein Leitfaden zum Luftschadstoffindex (API) in Malaysia*. Ministerium für natürliche Ressourcen und Umwelt.

Firculescu, A.-C., & Tudose, D. S. (2015). Low-cost Air Quality System for Urban Area Monitoring. *2015 20th International Conference on Control Systems and Science* (S. 240-247). Bukarest: IEEE.

Hasenfratz, D., Saukh, O., Sturzenegger, S., & Thiele, L. (2012). *Partizipative Überwachung der Luftverschmutzung mit Smartphones*. Beijing, China.

Wie Luftverschmutzung zu Herzkrankheiten beiträgt. (2009). Abgerufen von Physicians for Social Responsibility (PSR): www.psr.org/assets/pdfs/air- pollution-effects-cardiovascular.pdf

Hussein, M. A. (2012). Entwurf und Implementierung eines kostengünstigen Systems zur Erkennung von Gasverschmutzung. *International Conference on Computer and Communication Engineering (ICCCE 2012)*. Kuala Lumpur: IEEE.

Ibrahim, M., Elgamri, A., Babiker, S., & Mohamed, A. (2015). *Internet der Dinge basierte intelligente Umweltüberwachung mit dem Raspberry-Pi Computer*. IEEE.

Kampa, & Castanas. (2008). Auswirkungen der Luftverschmutzung auf die menschliche Gesundheit.
Umweltverschmutzung 151, 362-367.

Kan, H., Chen, R., & Tong, S. (2012). Luftverschmutzung, Klimawandel und Gesundheit der Bevölkerung in China. *Umwelt International*, 10-19.

Kester, W. (2005). Sensor Signal Conditioning. In W. Kester, J. Bryan, W. Jung, S. Wurcer, & C. Kitchin, *Op Amp Applications* (S. 1-89).

Keyang, L., Runjing, Z., & Hongwei, X. (2011). Basierend auf einem neuronalen Hopfield-Netzwerk zur Bestimmung der Luftqualität.

Li, X., Iervolino, E., Santagata, F., Wei, J., Yuan, C. A., Sarro, P., & Zhang, G. (2014). Miniaturisierter Feinstaubsensor für tragbare Luft. *IEEE SENSORS 2014 Proceedings* (pp. 2151- 2154). Valencia: IEEE.

Ling, O., Shaharuddin, Kadaruddin, Yaakob, & Ting. (2012). Urban Air Environmental Health Indicators for Kuala Lumpur City. *Sains Malaysiana 41*, 179- 191.

Liu, J.-H., Chen, Y.-F., Lin, T.-S., Chen, C.-P., Chen, P.-T., & Wen, T.-H. (2012). Ein System zur Überwachung der Luftqualität in städtischen Gebieten basierend auf der Technologie von drahtlosen Sensornetzwerken. *International Journal on Smart Sensing and Intelligent Systems, Vol 5, No. 1.*

Liu, X., Li, B., Jiang, A., Qi, S., Xiang, C., & Xu, N. (2015). Ein fahrradgetragener Sensor zur Überwachung der Luftverschmutzung in der Nähe von Straßen. *Consumer Electronics - Taiwan (ICCE-TW)* (S. 166-167). Taipei: IEEE.

Liu, Y. F. (2015). Haze in Southeast Asia. *International Researchers Club Conference on Science, Engineering and Technology.* Singapur.

Mahanijah, Rozita, & Ruhizan. (2006). Eine Anwendung von künstlichen neuronalen Netzwerken (Ann) für den Luftschadstoffindex (Api) in Malaysia.

Oletic, D., & Bilas, V. (2015). Entwurf eines Sensorknotens für die Luftqualität Crowdsensing. *Sensors Applications Symposium (SAS)* (S. 1-5). Zadar: IEEE.

Reilly, K., Birner, M., & Johnson, N. (2015). Messung der Luftqualität mit Drahtlose, selbstversorgte Geräte. *IEEE 2015 Global Humanitarian Technologiekonferenz* (S. 267- 272). Seattle: IEEE.

Rushikesh, R., & Sivappagari, C. M. (2015). Development of loT based Vehicular Pollution Monitoring System. *2015 International Conference on Green Computing and Internet of Things (ICGCIoT)* (pp. 779-783). Noida: IEEE.

Singh, A., & Agrawal, M. (2008). Acid Rain and its Ecological Consequences. *Zeitschrift für Umweltbiologie,* 15-24.

T.Pogfay, N.Watthanawisuth, W.Pimpao, A.Wisitsoraat, S.Mongpraneet, T.Lomas, . . .

A.Tuantranont. (2010). Entwicklung einer drahtlosen elektronischen Nase zur Klassifizierung der Umweltqualität. *Electrical Engineering/Electronics Computer Telecommunications and Information Technology Conference (ECTI-CON)* (pp. 540-543). Chaing Mai: IEEE.

Tudose, D. S., Patrascu, T. A., Voinescuz, A., Tataroiu, R., & Tapus, N. (2011). Mobile Sensoren in der Luftverschmutzungsmessung. *8 th Workshop on Positioning Navigation and Communication (WPNC)* (pp. 166-170). Dresden: IEEE.

Wang, C.-H., Huang, Y.-K., Zheng, X.-Y., Lin, T.-S., Chuang, C.-L., & Jiang, J.- A. (2012). A Self Sustainable Air Quality Monitoring System Using WSN. *2012 Fifth IEEE International Conference on Service-Oriented Computing and Applications (SOCA)* (S. 1-6). Taipei: IEEE.

Yang, M., Shao, S., & Wang, X. (2012). The Monitoring System Design of Harmful Gas Inside Special Vehicle. *2012 International Conference on Computer Science and Electronics Engineering* (S. 353-355). Hangzhou: IEEE.

Yang, Y., & Li, L. (2015). A Smart Sensor System for Air Quality Monitoring and Massive Data Collection. *International Conference on Information and Communication Technology Convergence (ICTC)* (S. 147-152). Jeju: IEEE.

Zhang, D., Liu, J., & Li, B. (2014). Tackling Air Pollution in China. *Sustainability*, 5322-5338.

Zhang, Z., Jiang, Z., Meng, X., Cheng, S., & Sun, W. (2012). Research on Prediction Method of API Based on The Enhanced Moving Average Method. *2012 International Conference on Systems and Informatics (ICSAI 2012)*. IEEE.

ANHANG A ARDUINO CODE

```
1   #INCLUDE "WIRE.H" // FOR I2C
2   #INCLUDE "LCD.H" // FOR LCD
3   #INCLUDE "LIQUIDCRYSTAL_I2C.H"
4   #INCLUDE <SD.H>
5   #INCLUDE <SPI.H>
6
7   LIQUIDCRYSTAL_I2C LCD(0X27,2,1,0,4,5,6,7);
8   FILE MYFILE;
9
10  INT PINCS = 4;
11  FLOAT MQ9_VOLT;
12  FLOAT RS_AIRMQ9;
13  FLOAT ROMQ9;
14  INT MQ9;
15  FLOAT RS_MQ9;
16  FLOAT MQ9RATIO;
17  DOUBLE CONCMQ9;
18  FLOAT PPMMQ9;
19  INT SUBAPI_MQ9;
20  FLOAT RLMQ9 = 5;
21  FLOAT MQ131_VOLT;
22  FLOAT RS_AIRMQ131;
23  FLOAT ROMQ131;
24  INT MQ131;
25  FLOAT RS_MQ131;
26  FLOAT MQ131RATIO;
27  DOUBLE CONCO3;
28  INT SUBAPI_MQ131;
29  DOUBLE CONCMQ131;
30  FLOAT RLMQ131 = 20;
31  INT MEASUREPIN = 3;
32  INT LEDPOWER = 10;
33  INT SAMPLINGTIME = 280;
34  INT DELTATIME = 40;
35  INT SLEEPTIME = 9680;
36  FLOAT VOMEASURED = 0;
```

```
FLOAT CALCVOLTAGE = 0;
FLOAT DUSTDENSITY = 0;
FLOAT PM25CONC;
INT SUBAPI_CO;
INT SUBAPI_O3;
INT SUBAPIPM10;
INT SUBAPI_PM25;
INT API;

UNSIGNED LONG STARTTIME;

UNSIGNED LONG TRIGGERONP1;
UNSIGNED LONG TRIGGEROFFP1;
UNSIGNED LONG PULSELENGTHP1;
UNSIGNED LONG DURATIONP1;
BOOLEAN VALP1 = HIGH;
BOOLEAN TRIGGERP1 = FALSE;

UNSIGNED LONG TRIGGERONP2;
UNSIGNED LONG TRIGGEROFFP2;
UNSIGNED LONG PULSELENGTHP2;
UNSIGNED LONG DURATIONP2;
BOOLEAN VALP2 = HIGH;
BOOLEAN TRIGGERP2 = FALSE;

FLOAT RATIOP1 = 0;
FLOAT RATIOP2 = 0;
UNSIGNED LONG SAMPLETIME_MS = 3000;
FLOAT COUNTP1;
FLOAT COUNTP2;

VOID SETUP() {

  SERIAL.BEGIN(9600);
  PINMODE(LEDPOWER,OUTPUT);

  LCD.BEGIN (16,2);
  LCD.SETBACKLIGHTPIN(3,POSITIVE);
  LCD.SETBACKLIGHT(HIGH);
```

```
76
77    PINMODE(PINCS, OUTPUT);
78
79      // SD CARD INITIALIZATION
80      IF (SD.BEGIN())
81      {
82        LCD.PRINT("SD CARD IS");
83          LCD.SETCURSOR (0,1);
84          LCD.PRINT("READY");
85          DELAY(2000);
86      } ELSE
87      {
88          LCD.PRINT("SD CARD");
89          LCD.SETCURSOR (0,1);
90          LCD.PRINT("FAILED");
91          DELAY(2000);
92        RETURN;
93      }
94
95      LCD.CLEAR();
96      LCD.PRINT("PREPARING");
97      LCD.SETCURSOR (0,1);
98      LCD.PRINT("SENSORS..");
99      DELAY(30000);
100     LCD.CLEAR();
101     LCD.PRINT("DONE!");
102     DELAY(1000);
103   }
104
105   VOID LOOP() {
106
107   ///// CO MEASUREMENT /////
108    MQ9 = ANALOGREAD(A0);
109    SUBAPI_CO = GETSUBAPI_CO (MQ9);
110    LCD.CLEAR();
111    LCD.PRINT("SUB-API CO:");
112    LCD.SETCURSOR (0,1);
113    LCD.PRINT(SUBAPI_CO);
114
```

```
115    DELAY(3000);
116    LCD.CLEAR();
117
118  ///// O3 MEASUREMENT /////
119    MQ131 = ANALOGREAD(A1);
120    SUBAPI_O3 = GETSUBAPI_O3 (MQ131);
121
122    LCD.CLEAR();
123    LCD.PRINT("SUB-API O3:");
124    LCD.SETCURSOR (0,1);
125    LCD.PRINT(SUBAPI_O3);
126
127    DELAY(3000);
128    LCD.CLEAR();
129
130  ///// PM10 MEASUREMENT /////
131    SUBAPIPM10 = GETSUBAPI_PM10 ();
132
133    LCD.PRINT("SUB-API PM10:");
134    LCD.SETCURSOR (0,1);
135    LCD.PRINT(SUBAPIPM10);
136    DELAY (3000);
137
138  ///// PM2.5 MEASUREMENT /////
139    DO {
140
141      GETPMCONC ();
142
143    } WHILE (PM25CONC <= 1);
144
145    SERIAL.PRINTLN(PM25CONC);
146
147    IF (PM25CONC <= 50)
148    SUBAPI_PM25 = PM25CONC;
149
150    ELSE IF (PM25CONC > 50 && PM25CONC <= 150)
151    SUBAPI_PM25 = 50+((PM25CONC-50) * 0.5);
152
153    ELSE IF (PM25CONC> 150 && PM25CONC <= 350)
```

```
154   SUBAPI_PM25 = 100+((PM25CONC-150) * 0.5);
155
156   ELSE IF (PM25CONC > 350 && PM25CONC <= 420)
157   SUBAPI_PM25 = 200+((PM25CONC-350) * 1.43);
158
159   ELSE IF (PM25CONC > 420 && PM25CONC <= 500)
160   SUBAPI_PM25 = 300+((PM25CONC-420) * 1.25);
161
162   ELSE
163   SUBAPI_PM25 = 400+ (PM25CONC-500);
164
165   DELAY (3000);
166   LCD.CLEAR();
167   LCD.PRINT("SUB-API PM2.5:");
168   LCD.SETCURSOR (0,1);
169   LCD.PRINT(SUBAPI_PM25);
170   DELAY (3000);
171
172   ////// API MEASUREMENT /////
173   INT API = SUBAPI_CO;
174
175   IF (SUBAPI_O3 > SUBAPI_CO)
176   {
177     API = SUBAPI_O3;
178     LCD.CLEAR();
179     LCD.PRINT("API: ");
180     LCD.PRINT(API);
181     LCD.PRINT(" <O3>");
182     LCD.SETCURSOR (0,1);
183   }
184
185   IF (SUBAPIPM10 > API)
186   {
187     API = SUBAPIPM10;
188     LCD.CLEAR();
189     LCD.PRINT("API: ");
190     LCD.PRINT(API);
191     LCD.PRINT(" <PM10>");
192     LCD.SETCURSOR (0,1);
```

```
193   }
194
195   IF (SUBAPI_PM25 > API)
196   {
197     API = SUBAPI_PM25;
198     LCD.CLEAR();
199     LCD.PRINT("API: ");
200     LCD.PRINT(API);
201     LCD.PRINT(" <PM25>");
202     LCD.SETCURSOR (0,1);
203   }
204
205   IF (SUBAPI_CO > API)
206   {
207     API = SUBAPI_CO;
208     LCD.CLEAR();
209     LCD.PRINT("API: ");
210     LCD.PRINT(API);
211     LCD.PRINT(" <CO>");
212     LCD.SETCURSOR (0,1);
213   }
214
215   IF (API <= 50)
216     LCD.PRINT("GOOD");
217
218   ELSE IF (API > 50 && API <= 100)
219     LCD.PRINT("MODERATE");
220
221   ELSE IF (API > 100 && API <= 200)
222     LCD.PRINT("UNHEALTHY");
223
224   ELSE IF (API > 200 && API <= 300)
225     LCD.PRINT("VERY UNHEALTHY");
226
227   ELSE IF (API > 300)
228     LCD.PRINT("HAZARDOUS");
229
230   MYFILE = SD.OPEN("API.TXT", FILE_WRITE);
231     IF (MYFILE) {
```

```
232      MYFILE.PRINT("SUB-API CO: ");
233      MYFILE.PRINTLN(SUBAPI_CO);
234      MYFILE.PRINT("SUB-API O3: ");
235      MYFILE.PRINTLN(SUBAPI_O3);
236      MYFILE.PRINT("SUB-API PM10: ");
237      MYFILE.PRINTLN(SUBAPIPM10);
238      MYFILE.PRINT("SUB-API PM2.5: ");
239      MYFILE.PRINTLN(SUBAPI_PM25);
240      MYFILE.PRINT("API: ");
241      MYFILE.PRINTLN(API);
242      MYFILE.PRINTLN(" ");
243      MYFILE.CLOSE();// CLOSE THE FILE
244      }
245    // IF THE FILE DIDN'T OPEN, PRINT AN ERROR:
246    ELSE {
247      LCD.CLEAR();
248      LCD.PRINT("SDCARD ERROR");
249      DELAY(1000);
250    }
251    DELAY(10000);
252
253   LCD.CLEAR();
254   LCD.PRINT("MEASURING AGAIN");
255   LCD.SETCURSOR (0,1);
256   LCD.PRINT("IN 5 MINUTES...");
257   LCD.BLINK();
258   DELAY (300000);
259   LCD.NOBLINK();
260
261  }
262
263  ///// FUNCTIONS /////
264  VOID GETPMCONC () {
265
266    VALP1 = DIGITALREAD(9);
267    VALP2 = DIGITALREAD(6);
268
269    IF(VALP1 == LOW && TRIGGERP1 == FALSE){
270      TRIGGERP1 = TRUE;
```

```
271       TRIGGERONP1 = MICROS();
272     }
273
274     IF (VALP1 == HIGH && TRIGGERP1 == TRUE){
275       TRIGGEROFFP1 = MICROS();
276       PULSELENGTHP1 = TRIGGEROFFP1 - TRIGGERONP1;
277       DURATIONP1 = DURATIONP1 + PULSELENGTHP1;
278       TRIGGERP1 = FALSE;
279     }
280
281     IF(VALP2 == LOW && TRIGGERP2 == FALSE){
282       TRIGGERP2 = TRUE;
283       TRIGGERONP2 = MICROS();
284     }
285
286     IF (VALP2 == HIGH && TRIGGERP2 == TRUE){
287       TRIGGEROFFP2 = MICROS();
288       PULSELENGTHP2 = TRIGGEROFFP2 - TRIGGERONP2;
289       DURATIONP2 = DURATIONP2 + PULSELENGTHP2;
290       TRIGGERP2 = FALSE;
291     }
292
293
294     IF ((MILLIS() - STARTTIME) > SAMPLETIME_MS) {
295       // INTEGER PERCENTAGE 0=>100
296       RATIOP1 = DURATIONP1/(SAMPLETIME_MS*10.0);
297       RATIOP2 = DURATIONP2/(SAMPLETIME_MS*10.0);
298       COUNTP1 = 1.1*POW(RATIOP1,3)-
      3.8*POW(RATIOP1,2)+520*RATIOP1+0.62;
299       COUNTP2 = 1.1*POW(RATIOP2,3)-
      3.8*POW(RATIOP2,2)+520*RATIOP2+0.62;
300       FLOAT PM10COUNT = COUNTP2;
301       FLOAT PM25COUNT = COUNTP1 - COUNTP2;
302
303     // PM10 COUNT TO MASS CONCENTRATION CONVERSION
304     DOUBLE R10 = 2.6*POW(10,-6);
305     DOUBLE PI = 3.14159;
306     DOUBLE VOL10 = (4/3)*PI*POW(R10,3);
307     DOUBLE DENSITY = 1.65*POW(10,12);
```

```
308   DOUBLE MASS10 = DENSITY*VOL10;
309   DOUBLE K = 3531.5;
310   FLOAT CONCLARGE = (PM10COUNT)*K*MASS10;
311
312   // PM2.5 COUNT TO MASS CONCENTRATION CONVERSION
313   DOUBLE R25 = 0.44*POW(10,-6);
314   DOUBLE VOL25 = (4/3)*PI*POW(R25,3);
315   DOUBLE MASS25 = DENSITY*VOL25;
316   FLOAT CONCSMALL = (PM25COUNT)*K*MASS25;
317
318   //SERIAL.PRINTLN(CONCSMALL);
319   PM25CONC=CONCSMALL;
320
321   DURATIONP1 = 0;
322   DURATIONP2 = 0;
323   STARTTIME = MILLIS();
324   }
325   }
326
327   INT GETSUBAPI_CO (INT MQ9_VALUE) {
328
329     INT SUBAPI_MQ9;
330
331     SERIAL.PRINT("MQ9=");
332     SERIAL.PRINTLN(MQ9_VALUE);
333     MQ9_VOLT=(FLOAT)MQ9_VALUE/1024*5.0;
334     RS_MQ9 = RLMQ9*(5.0-MQ9_VOLT)/MQ9_VOLT;
335     MQ9RATIO = RS_MQ9/0.18;   // RATIO = RS/R0
336
337     CONCMQ9 = POW((MQ9RATIO/25.387),(1/-0.501));;
338
339     SERIAL.PRINTLN(CONCMQ9);
340
341     IF (CONCMQ9 <= 9)
342     SUBAPI_MQ9 = CONCMQ9 * 11.11111;
343
344     ELSE IF (CONCMQ9 > 10 && CONCMQ9 <= 15)
345     SUBAPI_MQ9 = 100+((CONCMQ9-9) * 16.66667);
346
```

```
347    ELSE IF (CONCMQ9 > 15 && CONCMQ9 <= 30)
348    SUBAPI_MQ9 = 200+((CONCMQ9-15) * 6.66667);
349
350    ELSE
351    SUBAPI_MQ9 = 300+((CONCMQ9-30) * 10);
352
353    RETURN SUBAPI_MQ9;
354  }
355
356  INT GETSUBAPI_O3 (INT MQ131_VALUE) {
357
358    INT SUBAPI_MQ131;
359
360    SERIAL.PRINT("MQ131=");
361    SERIAL.PRINTLN(MQ131_VALUE);
362    MQ131_VOLT=(FLOAT)MQ131_VALUE/1024*5.0;
363    RS_MQ131 = (5.0-MQ131_VOLT)/MQ131_VOLT;
364    MQ131RATIO = RS_MQ131/5.28;  // RATIO = RS/R0
365
366    CONCMQ131 = POW((MQ131RATIO/26.291),(1/-
     0.868));
367
368    SERIAL.PRINTLN(CONCMQ131);
369
370    CONCO3= CONCMQ131/1000;
371
372    IF (CONCO3 <= 0.2)
373    SUBAPI_MQ131 = CONCO3 * 1000;
374
375    ELSE IF (CONCO3 > 0.2 && CONCO3 <= 0.4)
376    SUBAPI_MQ131 = 200+((CONCO3-0.2) * 500);
377
378    ELSE
379    SUBAPI_MQ131 = 300+((CONCO3-0.4) * 1000);
380
381    RETURN SUBAPI_MQ131;
382  }
383
384  INT GETSUBAPI_PM10 () {
```

```
385    INT SUBAPI_PM10;
386
387    DIGITALWRITE(LEDPOWER,LOW); // ON THE LED
388    DELAYMICROSECONDS(SAMPLINGTIME);
389
390    // READ THE DUST VALUE
391    VOMEASURED = ANALOGREAD(MEASUREPIN);
392    DELAYMICROSECONDS(DELTATIME);
393    DIGITALWRITE(LEDPOWER,HIGH); // OFF THE LED
394    DELAYMICROSECONDS(SLEEPTIME);
395
396    CALCVOLTAGE = VOMEASURED * (5.0 / 1024.0);
397
398    DUSTDENSITY=(0.15 * CALCVOLTAGE - 0.1) * 1000;
399
400    SERIAL.PRINT("PM 10 CONCENTRATION = ");
401    SERIAL.PRINT(DUSTDENSITY);
402    SERIAL.PRINTLN(" UG/M3");
403
404    IF (DUSTDENSITY <= 50)
405      SUBAPI_PM10 = DUSTDENSITY;
406
407    ELSE IF (DUSTDENSITY>50 && DUSTDENSITY<=150)
408      SUBAPI_PM10 = 50+((DUSTDENSITY-50) * 0.5);
409
410    ELSE IF (DUSTDENSITY>150 && DUSTDENSITY<=350)
411      SUBAPI_PM10 = 100+((DUSTDENSITY-150) * 0.5);
412
413    ELSE IF (DUSTDENSITY>350 && DUSTDENSITY<=420)
414      SUBAPI_PM10= 200+((DUSTDENSITY-350) * 1.43);
415
416    ELSE IF (DUSTDENSITY>420 && DUSTDENSITY<=500)
417      SUBAPI_PM10= 300+((DUSTDENSITY-420) * 1.25);
418
419    ELSE SUBAPI_PM10 = 400+ (DUSTDENSITY-500);
420
421    RETURN SUBAPI_PM10;
422  }
```

Milton Keynes UK
Ingram Content Group UK Ltd.
UKHW010852280324
440101UK00001B/207